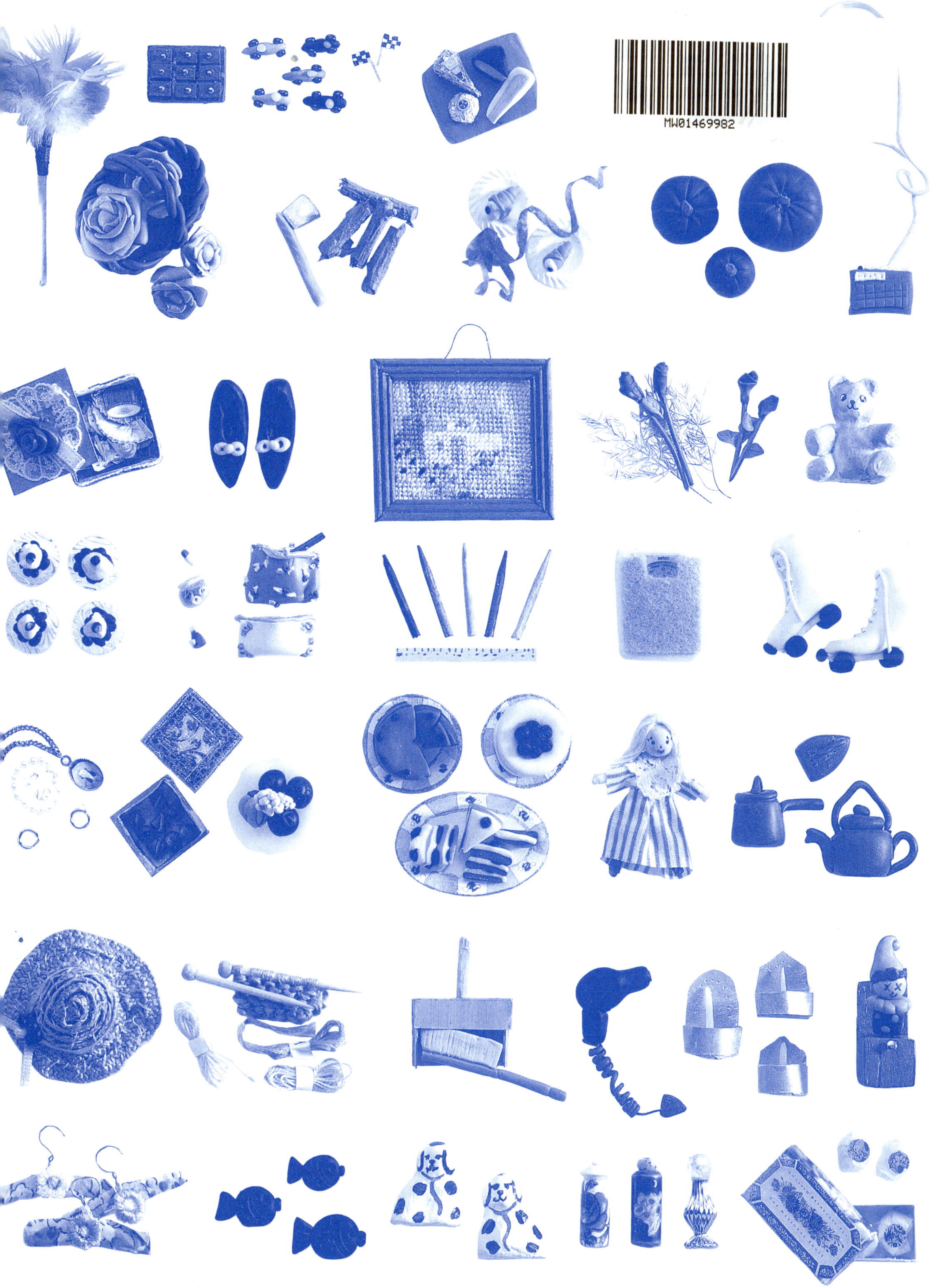

Miniatures
Pour Maison de Poupée

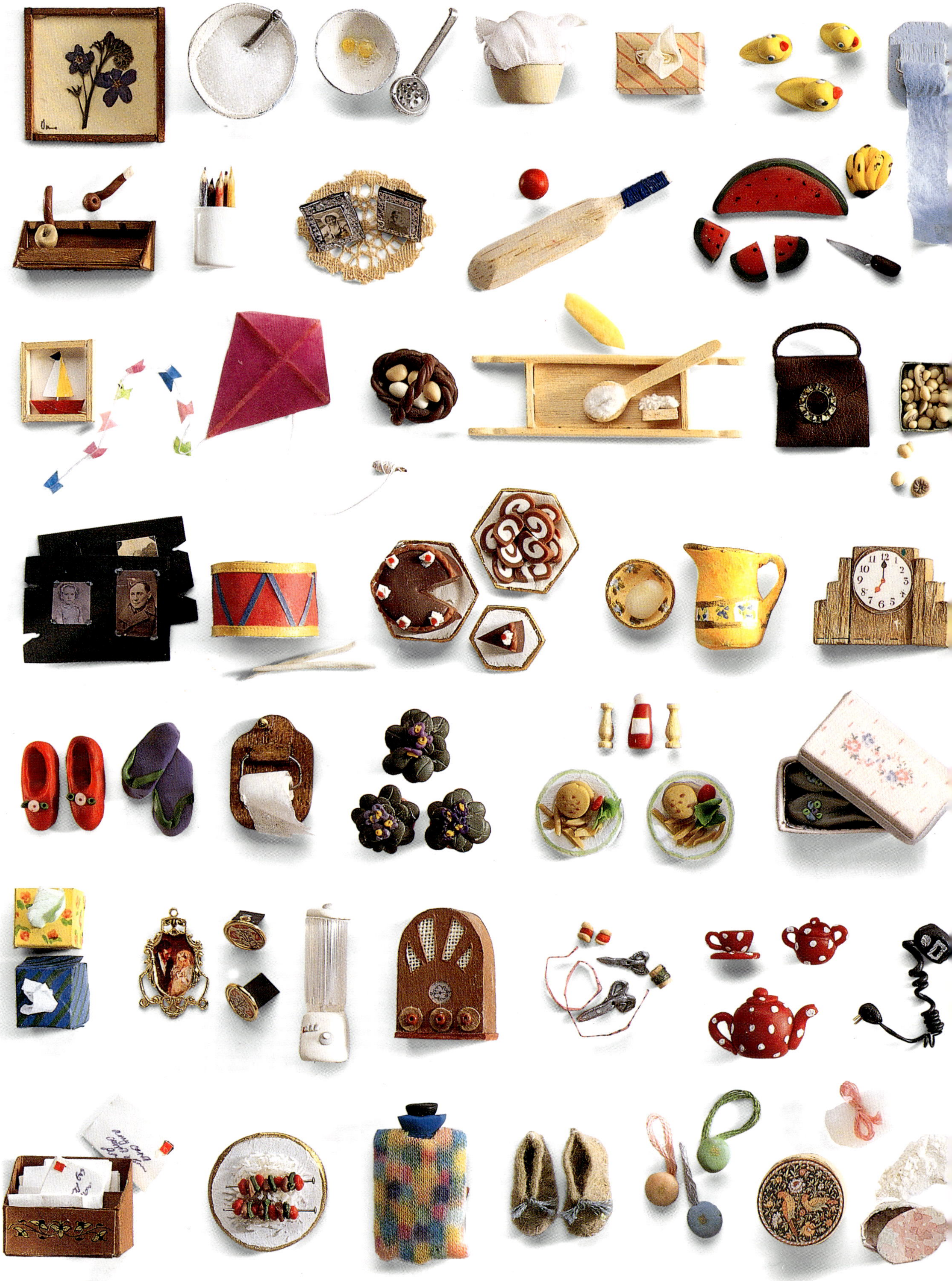

Miniatures
Pour Maison de Poupée

Vivienne Boulton

dessain et tolra

A DORLING KINDERSLEY BOOK

A Ella Waters, ma grand-mère

Edition anglaise
Direction artistique : Denise Brown, Lyndel Donaldson
Edition : Amy Carroll
Photographies : David Murray, Jules Selmes
Fabrication : Lorraine Baird

Edition française
Traduction : Gisèle Pierson
Couverture : Jean-Louis Depaz
Direction éditoriale : Catherine Franck-Dandres
Edition : Laurence Noirot
Fabrication : Claire Svirmickas

© 1992 Dorling Kindersley Limited,
London, G.-B.
Titre original en anglais :
The Doll's house Decorator
ISBN : 0-7513-0000-4
© 1992 Texte :
Vivienne Boulton

© 1994 Dessain et Tolra, Paris
Dépôt légal : octobre 1994
ISBN : 2-249-27979-9
Imprimé à Singapour

"Toute représentation ou reproduction, intégrale ou partielle, faite sans le consentement de l'auteur, ou de ses ayants droit ou ayants cause est illicite" (loi du 11 mars 1957, alinéa 1er de l'article 40). Cette représentation ou reproduction, par quelque procédé que ce soit, constituerait une contrefaçon sanctionnée par les articles 425 et suivants du Code pénal. La loi du 11 mars 1957 n'autorise, aux termes des alinéas 2 et 3 de l'article 41, que les copies ou reproductions strictement réservées à l'usage privé du copiste et non destinées à une utilisation collective d'une part, et, d'autre part, que les analyses et les courtes citations dans un but d'exemple et d'illustration.

SOMMAIRE

INTRODUCTION 6

TRAVAILLER AVEC

LE PAPIER ET LE CARTON 8   LA PÂTE À MODELER 10   LE BOIS 12

LE TISSU 14   LA PEINTURE 16   DES OBJETS DIVERS 17

Cuisines

LA CUISINE RUSTIQUE 18

 LE CATALOGUE 20

 LE MOBILIER 22

LA CUISINE MODERNE 24

LA CUISINE COLONIALE 26

LES PROVISIONS ET VICTUAILLES 28

Salles de Bains

LA SALLE DE BAINS RUSTIQUE 44

 LE CATALOGUE 46

 LE MOBILIER 48

LA SALLE DE BAINS MODERNE 50

Chambres à Coucher

LA CHAMBRE DES PARENTS DE STYLE ROMANTIQUE 30

 LE CATALOGUE 32

LE MOBILIER 34

LA CHAMBRE DE PETITE FILLE 36

LE CATALOGUE 38

L'ADOLESCENTE 39

LE MOBILIER 40

LE PETIT GARÇON 42

L'ADOLESCENT 43

Salons

LE SALON DE STYLE CLASSIQUE 52

 LE CATALOGUE 54

 LE MOBILIER 56

LE SALON 1930 58

LA FAMILLE 60

GABARITS ET INSTRUCTIONS 64

INTRODUCTION

Dans le domaine de la décoration de maisons de poupée, tous les matériaux sont bon marché et faciles à trouver. Tout au long de ces pages, vous découvrirez une multitude d'objets adaptés à tous les goûts. La gamme des meubles et des accessoires que vous créerez, même si l'échelle en est réduite, ne sera limitée que par votre imagination.

Le décor de maison de poupée proposé ici repose sur la maîtrise de quelques techniques simples. Les meubles sont fabriqués surtout à partir de planches de bois et de carton, et les petits accessoires sont en argile et pâte à modeler durcissant à l'air. Papier et tissu sont également indispensables pour de nombreux objets ménagers, et pour le décor en tissu.

Aussitôt après cette introduction, vous trouverez un chapitre consacré aux techniques et matériaux requis pour la décoration des maisons de poupée. Non seulement vous apprendrez à transformer de la carte ordinaire et du bois en meubles à la finition soignée, mais vous verrez comment les boutons, les perles et autres petits accessoires peuvent présider à la création de cadres pour tableaux, de bouteilles et de plumeaux. Bientôt, vous vous émerveillerez de ces métamorphoses.

Tous les styles peuvent convenir, mais l'époque victorienne, prétexte à l'emploi de nombreux accessoires, est très appréciée des propriétaires de maison de poupée. La plupart des pièces présentées ici s'y réfèrent, bien qu'il soit également fait place aux styles colonial, Arts déco, country et contemporain.

Les principales pièces de la maison sont passées en revue : cuisine, chambres à coucher pour adultes et enfants, salon et salle de bains. Chacune peut être recréée pour votre maison de poupée ou même pour une boîte décorée. Le décor de chaque pièce comprend rideaux et coussins, meubles, accessoires décoratifs, objets de la vie courante, d'hier et d'aujourd'hui. En outre, chaque objet présente une valeur ludique, et toutes sortes de petits articles donneront à l'enfant l'occasion d'exercer son activité créatrice pendant des heures, aussi bien en les fabriquant qu'en jouant avec.

Certains meubles sont photographiés séparément et accompagnés de gabarits et d'instructions de montage détaillées. Parmi eux figurent tables, chaises, lits, armoires, placards et lavabos. Instructions et gabarits trouvent leur place à la fin de l'ouvrage. Les gabarits que nous vous présentons ici sont destinés à être décalqués et recopiés sur les matériaux recommandés.

D'autres meubles constituent des variantes, et des légendes complètes donnent les instructions nécessaires à leur fabrication et, éventuellement, des conseils pour adapter les gabarits.

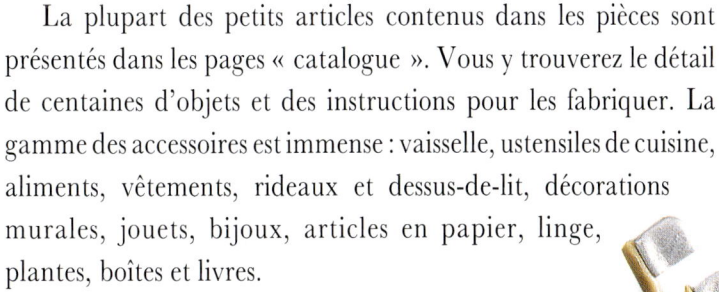

La plupart des petits articles contenus dans les pièces sont présentés dans les pages « catalogue ». Vous y trouverez le détail de centaines d'objets et des instructions pour les fabriquer. La gamme des accessoires est immense : vaisselle, ustensiles de cuisine, aliments, vêtements, rideaux et dessus-de-lit, décorations murales, jouets, bijoux, articles en papier, linge, plantes, boîtes et livres.

Enfin, une maison de poupée doit abriter une vraie famille. Le décorateur n'aura pas de difficulté à fabriquer celle de son choix, avec tous ses vêtements. Là encore, avec quelques matériaux simples, vous pourrez créer quantité de personnages.

Vous allez être fasciné, ravi, inspiré. Que la fête commence !

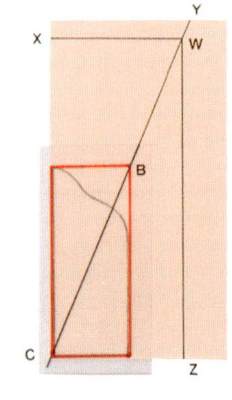

TRAVAILLER AVEC
LE PAPIER ET LE CARTON

De tous les matériaux d'artisanat, le papier est le plus souple d'emploi et le plus facile à trouver. Toutes les sortes de papiers sont utilisables, de la carte bristol au papier cadeau, en passant par le papier illustré, les boîtes décoratives, le papier absorbant et le papier toilette ! Conservez vos chutes de papier, elles vous serviront sûrement.

Les outils de coupe comprennent des ciseaux et un cutter pour le carton

La colle : utilisez une colle forte universelle transparente ; les bâtons de colle sont également pratiques

Le papier mi-teinte (au centre et à droite) sert pour les encadrements, les sous-main, ou pour recouvrir les livres

Le papier d'aluminium (à gauche) sert pour les miroirs et pour emballer les cadeaux. On peut l'acheter en rouleau ou le récupérer des papiers de bonbons adéquats

Formes diverses et règle sont utiles pour créer des objets courbes et géométriques

Le papier cadeau est utilisé pour tapisser les murs et les boîtes

Les mouchoirs en papier ont beaucoup d'emplois

Le ruban à masquer est utile pour l'assemblage provisoire des pièces ainsi que pour les charnières et les plantes

Le ruban adhésif, de préférence transparent, sert pour les raccords

Le carton permet de fabriquer de nombreux meubles

La carte, plus mince que le carton, sert de fond et pour les petits accessoires

Confectionner une
FOUGÈRE EN POT

1. Recouvrez, sur les deux tiers de la longueur, les deux faces d'un morceau de fil de fer plastifié vert avec du ruban à masquer de 2,5 cm de large.

2. Avec des ciseaux pointus ou un cutter, découpez des feuilles.

3. Peignez les feuilles à l'acrylique verte. Rassemblez au moins six feuilles et fixez-les dans une boule de pâte durcissant à l'air, elle-même dans un pot de pâte durcissant à l'air. Les plantes sont très décoratives dans les salles de bains et les salons.

Confectionner un
CARTON À CHAPEAUX

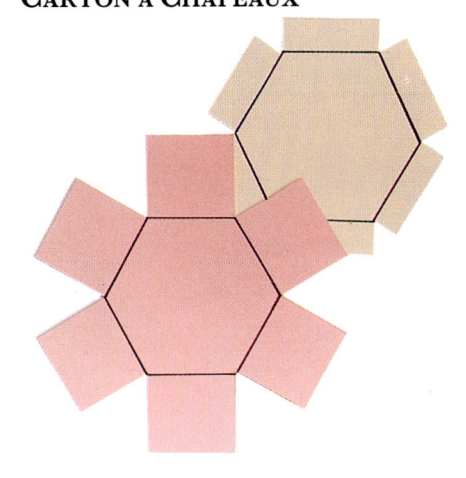

1. Coupez dans du carton des cercles de la taille requise pour la boîte et son couvercle, et tracez les hexagones du centre. Découpez en V, comme sur l'illustration.

2. Avec une règle et des ciseaux, entaillez le tracé des hexagones. Pliez soigneusement les côtés vers le centre.

3. Renforcez les angles de la boîte et du couvercle avec du ruban à masquer.

4. Collez du papier cadeau sur la boîte, avec de la colle en bâton.

5. Complétez la décoration avec du ruban et des fleurs en tissu.

Objets utiles

De nombreux objets en papier peuvent servir à toutes sortes d'usages.

Timbres et illustrations de magazines et de catalogues sont parfaits pour créer des tableaux, des jeux d'enfant et des collections

Décalcomanies, bandes métalliques et étoiles dorées décorent les meubles ou les tissus d'ameublement

Les emballages de bonbons, surtout en cellophane, permettent d'orner boîtes et pots et d'envelopper les cadeaux

TRAVAILLER AVEC LA Pâte à Modeler

On utilisera ici deux sortes de pâtes à modeler : l'une est la pâte à modeler durcissant après cuisson ; l'autre, très utilisée dans cet ouvrage, est une pâte durcissant à l'air.

La pâte à cuire existant en de nombreuses couleurs et en plusieurs textures, il n'est pas nécessaire de la peindre, et elle est parfaite pour créer des effets de porcelaine. Roulez-la avec un stylo-feutre, au plastique duquel elle n'adhérera pas. Chauffez-la entre vos mains pour la rendre malléable. Il s'agit d'un matériau idéal pour figurer toutes sortes de victuailles.

La pâte durcissant à l'air est plus malléable au départ, mais les teintes proposées sont moins nombreuses. On peut l'amollir avec un peu d'eau si elle durcit prématurément. Avant de la peindre avec une sous-couche et de l'acrylique ou de la gouache, elle doit sécher de 12 à 24 heures environ. C'est un excellent matériau pour représenter la faïence finement décorée et tout objet qui comporte une anse.

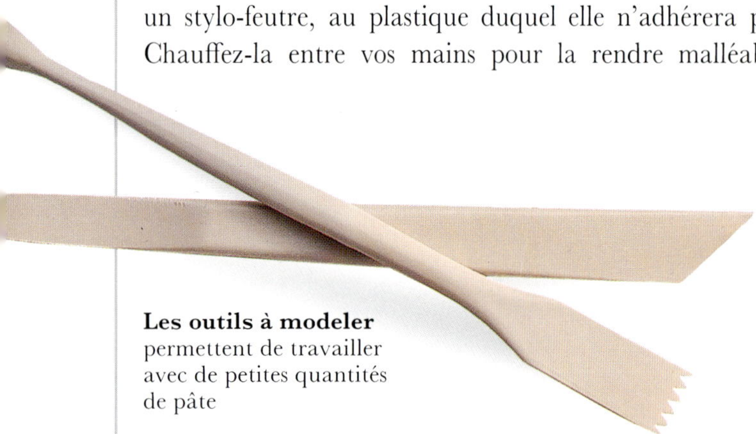

Les outils à modeler permettent de travailler avec de petites quantités de pâte

Le rouleau est parfait pour travailler des quantités plus importantes

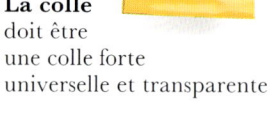

Le vaporisateur permet de ramollir la pâte durcissant à l'air

La colle doit être une colle forte universelle et transparente

Le papier sulfurisé offre une surface non adhésive pour rouler la pâte à modeler

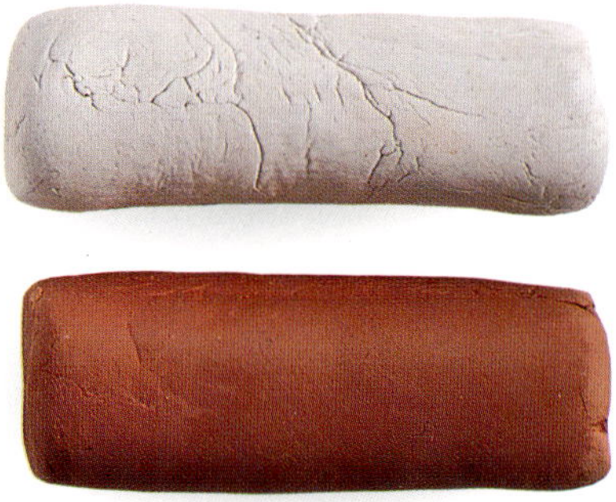

Le cutter sert à couper la pâte

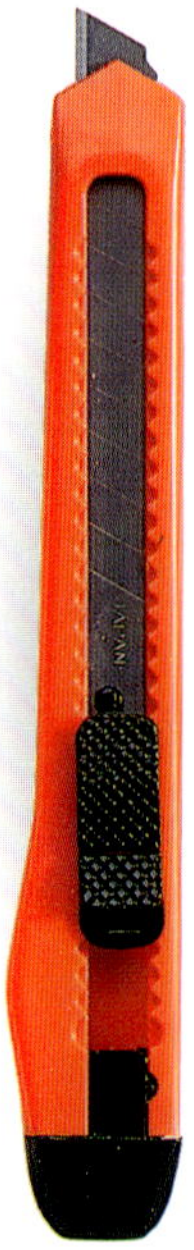

La pâte à modeler à cuire existe en différentes nuances

La pâte durcissant à l'air n'est souvent commercialisée qu'en deux teintes

La Pâte à Modeler

Confectionner un **POT**

1. Formez un cylindre avec la pâte durcissant à l'air. Pincez et appuyez pour obtenir le bec et le rétrécissement central. Laissez sécher.

2. Poncez les bords.

3. Roulez un long boudin pour l'anse. Vaporisez de l'eau pour humidifier et fixez l'extrémité en appuyant doucement.

4. Fixez l'autre extrémité dans le bas, en arrondissant l'anse. Égalisez, si nécessaire, avec une spatule.

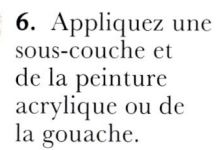

5. Quand le pot est sec, poncez-le. Si l'anse se détache, collez-la.

6. Appliquez une sous-couche et de la peinture acrylique ou de la gouache.

Papier de verre

Le papier de verre est essentiel pour obtenir une surface lisse. Commencez à travailler avec un papier à grain moyen et continuez avec un papier à grain fin.

La couleur du papier de verre n'indique pas son grain

Une lime à ongles ou un petit morceau de papier de verre enroulé autour d'un crayon constitue un outil parfait pour poncer de petites surfaces

---

Confectionner un **FEUILLETÉ AUX FRAISES**

1. Étendez de la pâte à cuire beige et blanche. Coupez-la en bandes. Faites les fraises.

2. Couvrez le feuilleté avec de la crème et des fraises. Faites deux couches.

3. Après cuisson, égalisez les bords au couteau et présentez le feuilleté coupé en tranches.

Confectionner un **CHOU-FLEUR**

1. Modelez une boule de pâte à cuire blanche et piquez-y des trous avec une épingle.

2. Pressez des boules de pâte à cuire verte entre le pouce et l'index. Incurvez le bord des feuilles.

3. Pressez les feuilles autour du cœur du chou, en les faisant chevaucher.

Confectionner une **ASSIETTE**

1. Roulez de la pâte durcissant à l'air sur du papier sulfurisé, sur 3 mm d'épaisseur. Découpez la forme voulue (un carré d'environ 4 cm de côté) au couteau.

2. Appuyez un large capuchon de stylo ou tout autre cylindre approprié sur le milieu de l'assiette dont les bords vont se relever.

3. Laissez sécher et poncez les bords avant de peindre.

TRAVAILLER AVEC LE *Bois*

Avant tout, le bois ne doit comporter ni nœud ni fissure. Obeché et contre-plaqué en planches de 3 mm d'épaisseur conviennent parfaitement. Légers et faciles à couper, ils prennent bien la teinture. Pin et sapin sont plus difficiles à travailler.

Tourillons, tasseaux, moulures, piques à cocktails serviront également pour la décoration. Pour obtenir une finition bien lisse, poncez toujours les pièces au papier de verre fin avant de les assembler et teintez-les avant de coller (voir page ci-contre).

Ruban à masquer, utilisé pour assembler provisoirement les pièces

Colle forte vinylique universelle, transparente

Règles : une règle métallique appuyée contre une équerre permet de couper au cutter, une règle en plastique de marquer directement sur le bois

Outils de découpe : cutter ou, dans certains cas, ciseaux

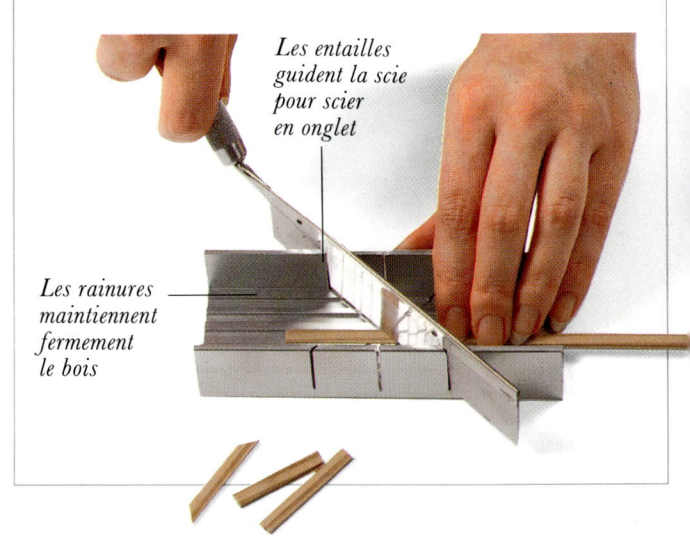

Obeché : diverses épaisseurs et largeurs. J'ai utilisé de l'obeché de 3 mm d'épaisseur comme matériau de base pour tous les objets en bois présentés ici. Si vous n'en trouvez pas, prenez du chant plat ordinaire

Tasseaux : différentes largeurs, pour les pieds, les tringles et les jouets

Piques à cocktails : pour les pieds de meubles, les manches de parapluies et les égouttoirs

Tourillons ou ronds : différentes grosseurs, pour les pieds, les tringles, manches à balai et les badalquins

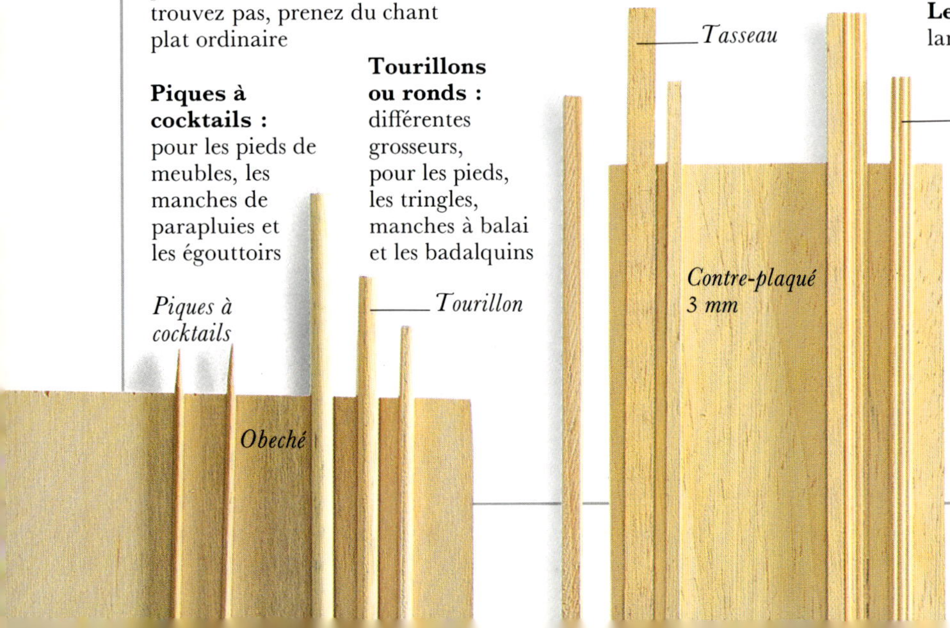

Piques à cocktails

Tourillon

Obeché

Tasseau

Contre-plaqué 3 mm

Outils indispensables

Une petite scie et une boîte à onglets facilitent le travail de menuiserie de la maison de poupée. La boîte à onglets est indispensable pour obtenir des coupes précises et des lignes bien droites. Elle peut être creusée de rainures qui maintiennent la baguette de bois.

Les entailles guident la scie pour scier en onglet

Les rainures maintiennent fermement le bois

Moulures

Le contre-plaqué de 3 mm existe en grandes largeurs. Il est utilisé pour le fond des armoires

Le papier de verre enroulé autour d'un crayon permet de poncer les arrondis

Les moulures font des bordures décoratives

Confectionner un CADRE

1. Après avoir choisi l'illustration, déterminez la taille du cadre, avec ou sans passe-partout.

2. Prenez les mesures extérieures et coupez un fond et quatre côtés en sciant les coins en onglet.

3. Collez l'illustration puis les côtés du cadre sur le fond. Fixez le cadre au mur avec une attache en fil, du fil fusible ou de l'adhésif double face.

Confectionner une ÉTAGÈRE DE CUISINE

1. Tracez les gabarits sur le bois et découpez. Poncez avec du papier de verre enroulé sur un cube de bois, pour obtenir une finition lisse et adoucir les arrondis.

2. Vérifiez l'assemblage en maintenant les pièces avec du ruban à masquer. Teintez avec de la teinture à bois ou du thé fort (voir ci-dessous).

3. Après séchage, collez les côtés au fond. Encollez ensuite l'arrière et les côtés des étagères, et mettez-les en place. Maintenez le tout avec un élastique pendant le séchage.

Teinture à bois

On trouve des teintures à bois à base d'eau dans les magasins de bricolage et d'artisanat. Teintez toujours avant de coller, la colle empêchant le produit d'atteindre le bois. Le thé fort donne une belle finition pin ou chêne clair. Thé et teinture à bois doivent être appliqués à la brosse, plusieurs couches donnant un ton plus foncé. La plupart des teintes à bois sèchent en trente à soixante minutes. Les bordures décoratives peuvent également être teintées.

Le thé fort donne une jolie teinte pin ou chêne clair

Utilisez les teintures appropriées pour obtenir du chêne foncé et autres bois durs

TRAVAILLER AVEC
LE Tissu

Le tissu est indispensable pour les oreillers, les coussins, les rideaux, les nappes, les draps, les tentures, pour recouvrir les murs et les sols, pour doubler les armoires et les paravents, et pour les habits. Il est également utile de posséder une large gamme de passementerie, rubans et fils. De la colle forte universelle transparente et un bâton de colle permettront de coller le tissu sur les meubles et les poupées. L'Anti-effiloche est un produit du commerce qui peut être remplacé par du vernis à ongles transparent.

Les roses en ruban décoreront traversins, coussins et cartons à chapeaux

Les rubans seront utilisés pour border les meubles et les cartons à chapeaux, être noués autour du linge ou serviront de charnières

La dentelle sert pour les napperons, les nappes et les rideaux ; une bordure en dentelle peut décorer le haut d'un vaisselier

Les franges sont utilisées pour border les meubles ainsi que pour les cantonnières et les badalquins

Le coton et la soie à broder servent pour les cheveux de poupée, les poils de brosse et les détails brodés

Le molleton est indispensable pour rembourrer les meubles et les poupées ; ajoutez-lui de la lavande pour le parfum

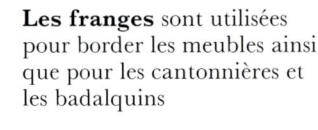

Le tissu-éponge sert pour les tapis de bain, le couvre-abattant de toilettes et les serviettes

Le canevas permet de réaliser tapis et moquettes, dessus de tabouret et coussins

Le Tissu

Les tissus en peluche sont pratiques pour les moquettes et les tapis ou pour recouvrir un grand canapé. Le satin est parfait pour les dessus-de-lit et les coussins

Petits motifs
Les tissus à rayures, à pois et à fleurs de textures différentes sont le meilleur choix pour la décoration.

Les tissus rayés conviennent bien pour tapisser les murs, ainsi que pour le linge de table et de lit

Les petits imprimés floraux donnent un air champêtre aux murs, aux tissus d'ameublement et aux rideaux

Les tissus à pois sont un bon choix pour les vêtements et les rideaux

Confectionner un COUSSIN ROND

1. Recouvrez un rond de molleton d'environ 4 cm de diamètre avec un rond de tissu de même taille. Faites un point avant sur le bord et froncez.

2. Cachez le fil et l'ouverture avec une rose en ruban ou une autre pièce de passementerie.

Confectionner un TRAVERSIN

1. Coupez un rectangle de tissu d'environ 4,5 cm de large et 7,5 cm de long. Pliez en deux, endroit contre endroit, et faites une couture sur la longueur. Retournez sur l'endroit.

2. Roulez un rectangle de 38 × 25 mm de molleton en cylindre. Glissez-le dans le manchon de tissu.

3. Faites un point avant à chaque extrémité et froncez. Rentrez le tissu qui dépasse.

4. Finissez avec du ruban et des roses à chaque extrémité.

TRAVAILLER AVEC LA *P*EINTURE

Un choix de couleurs acryliques et une peinture d'apprêt suffiront pour le papier, la pâte durcissant à l'air, la pâte à cuire et le bois. L'apprêt servira de base pour tous les matériaux, le décor de surface étant ajouté ensuite. Les peintures or et argent sont parfaites pour des effets métalliques, et crayons-feutres et marqueurs permettront de créer des effets de broderie sur le papier et le tissu.

Les couleurs et la peinture d'apprêt acryliques sont destinées à imiter la faïence, à rendre des effets de texture sur le mobilier, à peindre les visages des poupées et à renforcer les meubles en carton et papier. L'apprêt acrylique sèche vite et constitue une bonne sous-couche pour la peinture de décoration

Les peintures or et argent servent pour les ustensiles de cuisine, les seaux, les poignées et les robinets, et les décorations des boîtes

Une boîte d'aquarelles d'écolier sera pratique pour peindre les objets en papier ou les illustrations

Le vernis transparent donnera un aspect brillant et riche à la pâte durcissant à l'air et au bois. Il doit être à base d'acétone

Les crayons-feutres et les marqueurs ajoutent de la couleur aux rideaux de douche et aux housses de bouillottes ; ils servent aussi à créer des effets de patchwork et à tracer des lettres

TRAVAILLER AVEC DES *Objets* *Divers*

De nombreux objets naturels et manufacturés trouvent leur place dans la maison de poupée. Une coquille de noix, par exemple, figurera un joli berceau. Avec un peu d'imagination, vous découvrirez de nouveaux usages pour presque tous les petits objets que vous rencontrez.

Les perles de toute sorte sont utiles. Les petites perles de couleur figureront poignées, boutons et bijoux, et les grosses perles en bois, les pieds des meubles. Les perles en cristal surmontées de plus petites feront d'excellents encriers. Les grosses perles décoratives peuvent servir de vases, et les perles creuses, de gobelets ou de plats

Les paillettes permettront de créer bouquets et arrangements floraux

Les perles existent en toutes tailles. Les petites peuvent orner les meubles et les dessus-de-lit ou servir de bijoux ou de boutons de tiroir

Les capuchons de feutre peuvent être coupés pour figurer des bols de robot ménager et des verres à milk-shake posés sur des étals en pâte à cuire

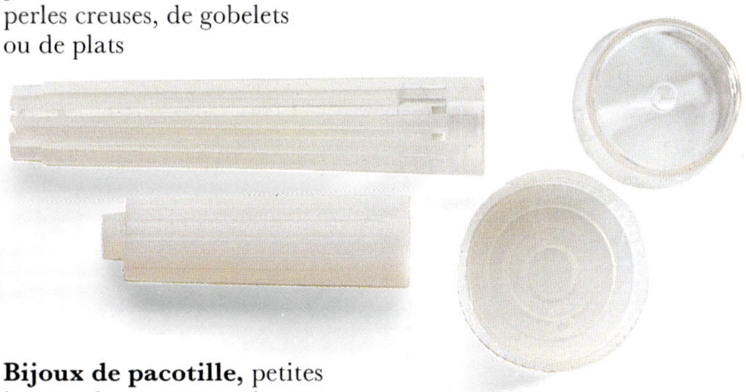

Les boutons peuvent être utilisés comme cadres et comme pendules

Les godets en plastique pourront figurer les parois à hublot des machines à laver ou encore des cloches à fromage

Bijoux de pacotille, petites bagues, boutons et petites chaînes serviront pour représenter bijoux, cadres et chaînes

Les attaches parisiennes peuvent servir de balanciers ou de pieds de table roulante

Les éponges naturelles ou synthétiques joueront leur propre rôle

Le fil fusible en plomb sera utile pour confectionner les anses de seau et pour accrocher les tableaux.

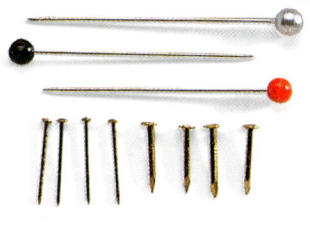

Épingles et clous, à tête dorée, perlée ou nacrée et de tailles variées, peuvent servir de poignées de tiroir et de porte

Les haricots secs et les graines peuvent être peints pour représenter des boutons de porte ; d'autres aliments peuvent servir à remplir les bocaux de la cuisine

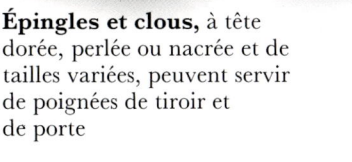

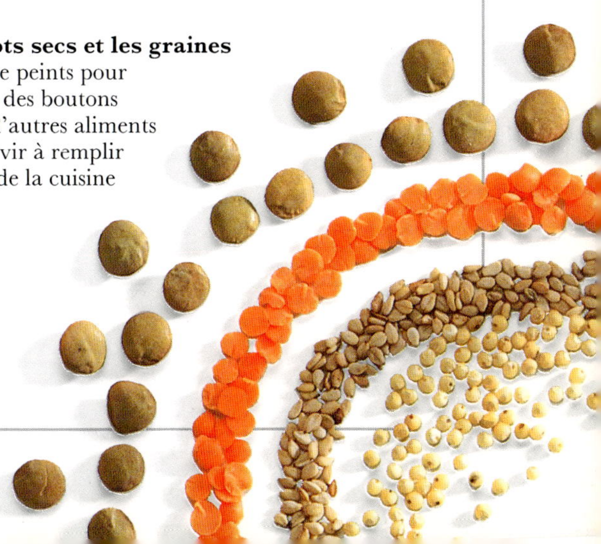

Les plumes serviront de plumeaux ou orneront les chapeaux des poupées

La Cuisine
RUSTIQUE

Cette cuisine en sous-sol, entièrement équipée, est le théâtre d'une activité de fourmis. La cuisinière est omniprésente, et les femmes de chambre entrent et sortent, portant les plateaux du thé et les accessoires de nettoyage. Les meubles sont utilitaires, bien peu étant destinés au confort du personnel. La vieille cuisinière en fonte, toujours allumée, doit être chargée sans relâche et la rangée de cocottes en fonte témoigne du nombre de bouches à nourrir.

Le grand buffet à gauche abrite dans ses tiroirs divers ustensiles indispensables, et ses planches portent des boîtes à provisions. Confitures et conserves sont rangées à côté, sur une étagère murale.

Près de la cuisinière et sous l'égouttoir, une table en bois accueille les ustensiles de cuisson. Le vaste évier à droite repose sur des piliers en brique, et le mur au-dessus, comme celui de la cuisinière, est protégé par des carreaux de Delft.

Les repas sont préparés sur la grande table en pin centrale, assez vaste pour étaler la pâte et pour trier les produits du potager ou du marchand de légumes. À l'heure du thé, on apporte sur la table les tasses en faïence et on rapproche les chaises à haut dossier.

Le grand vaisselier près de la fenêtre abrite la porcelaine.

Les carreaux de faïence de la cuisinière et de l'évier sont en papier imprimé au tampon

Les légumes de la semaine
fabriqués en pâte à cuire viennent d'être cueillis ; ils doivent être triés et rangés

$\mathcal{L}$'égouttoir à vaisselle
comporte des étagères en piques à cocktails, glissées dans deux morceaux de bois formant le fond et les côtés

$\mathcal{L}$e vaisselier
est décoré, en haut, d'un ruban brodé

$\mathcal{L}$e panier de la femme de chambre
possède une poignée et des coins en chant plat, qui imitent le fer forgé

$\mathcal{L}$e porte-torchon
est constitué de tasseaux assemblés par du ruban adhésif

$\mathcal{L}$a frange du petit tapis
est obtenue en effilochant les bords d'une pièce de tissu

$\mathcal{R}$evêtements des murs et du sol
L'un est un tissu à fleurettes, l'autre est constitué de feuilles de papier imitant la brique

Le Catalogue

Service de table
La pâte durcissant à l'air modelée et peinte permet de créer toutes sortes d'assiettes aux couleurs gaies, ainsi que des plats, tasses, soucoupes, soupières, bols, saucières, etc. Voir instructions page 11.

Plats délicieux
L'abondance des mets ne sera limitée que par votre imagination et votre habileté à modeler les plats de chaque repas (voir page 28).

Éphéméride
Le vieil éphéméride de ferme, figé par le temps ou quotidiennement mis à jour, est en contre-plaqué et en papier.

Boîtes à épices
Quelques petits morceaux de bois suffiront à réaliser la boîte à sel et les tiroirs abritant les épices.

Légumes de la ferme tout frais cueillis
Les légumes sont en pâte à modeler. Aucun enfant de la maison de poupée n'oserait les laisser sur son assiette. Voir instructions page 11.

Pendule de cuisine
Un rond de pâte à cuire (de la grosseur d'une pièce de monnaie) est peint en blanc sur une face, tandis que les chiffres et aiguilles ressortent en noir.

Paniers, sacs et boîtes
Ils sont en papier, en tissu ou en pâte à cuire. Pommes de terre, champignons, pommes et œufs sont aussi en pâte à cuire.

❖ 20 ❖

La Cuisine Rustique

Pichets et coupes
Les pichets pour la crème, le lait, le jus de fruits, ainsi que les coupes pour les fraises tout juste cueillies, les glaces et les entremets, sont modelés en pâte durcissant à l'air et décorés de jolis motifs. Voir instructions page 11.

Couverts et récipients métalliques
Une couche de peinture métallisée permet de créer une argenterie impressionnante et des ustensiles en chrome et en cuivre. Le seau a été confectionné avec du papier peint en argent auquel on a ajouté une anse en fil fusible ; voir page 66.

Batterie de cuisine
Les solides casseroles et poêlons, conçus pour résister à la chaleur de la cuisinière en fonte, seront modelés dans de la pâte à cuire, ainsi que les fers à repasser.

Confitures maison
Les rangées de pots coiffés de vichy, qui abritent la cueillette de l'été dernier, seront empilées sur les étagères de la cuisine. Faites-les en pâte à cuire aux couleurs du contenu.

Matériel de nettoyage
Balais à franges, balais-brosses, pelles à poussière seront fabriqués avec des tourillons ou des piques à cocktails, les poils étant en coton à broder et les franges par de la pâte à cuire.

Ustensiles à pâtisserie
Le rouleau et les cuillers en bois sont modelés façon bois. Le mortier et son pilon sont en pâte durcissant à l'air.

Boîte de ménage
La boîte de ménage en chant plat et pâte à cuire contient des brosses aux poils en coton à broder, du cirage en pâte à cuire, un chiffon en tissu et un plumeau en vraies plumes.

Le Mobilier

La finition pin est obtenue avec du thé

BUFFET DE CUISINE

Les gabarits de la page 68 permettent de réaliser deux buffets de cuisine, parfaits pour présenter la faïence ou contenir de nombreuses provisions. Le buffet ci-contre, décrit page 69, utilise tous les gabarits, sauf ceux de la partie inférieure et du panneau de tiroirs. Pour un buffet sans portes, utilisez le panneau de tiroirs, ajoutez une étagère et terminez avec la base.

GRANDE TABLE RECTANGULAIRE

Le plateau de cette table, construite de la même façon que la petite table rectangulaire page ci-contre, est un rectangle de bois de 75 × 125 mm.

Quatre morceaux de chant plat de 12 mm de large forment les côtés (deux de 65 mm et deux de 115 mm) et sont assemblés par de la colle pour figurer le cadre supportant le plateau.

Quatre pieds de 65 mm de long sont coupés dans des tasseaux et collés aux quatre angles. Deux morceaux de tasseau de 55 mm forment les traverses qui supportent la planche du bas, constituée d'un morceau de contre-plaqué de 40 × 110 mm collé sur lesdites traverses.

Des boutons en pâte à cuire sont collés sur les deux façades de tiroir en bois de 32 × 6 mm.

Arrondissez les angles avec du papier de verre enroulé autour d'un crayon

Un ruban décoratif est collé sur une mince lamelle de bois puis fixé sur le buffet

Les pieds sont des morceaux de tasseau carré de 6 mm de côté

Le plateau et le cadre sont en chant plat

— 22 —

La Cuisine Rustique

Les carreaux de faïence sont en papier

Évier

Cet évier solide en pâte durcissant à l'air peinte avec de la peinture acrylique blanche repose sur deux supports massifs en bois (longueur 45 mm, largeur 16 mm, hauteur 52 mm), recouvert de papier imitation brique.

Le support mural est un morceau de carton de 75 × 115 mm peint en blanc et décoré avec du papier imprimé de carreaux de Delft. Il porte un robinet en pâte à cuire grise.

L'étagère permet de ranger casseroles et cocottes

Charnières découpées dans des étoiles dorées

Cuisinière à Charbon

Les gabarits de cette cuisinière à charbon peinte à l'acrylique noir, indispensable pour chauffer la cuisine et donner l'eau chaude, se trouvent pages 78-79.

Feu en mouchoirs en papier rouge, orange, jaune et noir

Boutons en pois cassés peints en or

Petite Table Rectangulaire

Une ou plusieurs de ces petites tables à tiroir sont très pratiques dans une cuisine pour ranger des ustensiles ou poser des assiettes garnies. Instructions de montage et gabarits sont donnés à la page 69.

Chaise à Haut Dossier

Les gabarits et les instructions pour la chaise en bois de la page 80 vous permettront d'en multiplier les exemplaires. Cette pièce simple, imitation pin, peut être habillée de tissu (voir page 28).

La Cuisine
MODERNE

Les cuisines d'aujourd'hui sont petites et pratiques. La préparation des repas reste bien entendu la priorité lorsqu'on organise l'aménagement d'une cuisine, et tout doit être fait pour qu'elle soit facilitée. La cuisine d'aujourd'hui est donc équipée de nombreux appareils électriques et machines diverses.

Fruits frais
Tranches de pastèque, raisins et bananes en pâte à cuire égayent la cuisine de leurs vives couleurs.

Légumes variés
On apprécie beaucoup aujourd'hui poivrons, brocolis, tomates, choux, champignons, asperges et concombres en salade, ainsi que les pommes de terre nouvelles simplement cuites à l'eau. La boîte à champignons est en papier, le panier en pâte à cuire, et la terre des pommes de terre, en cacao.

Boîtes à gâteaux
Des boîtes à gâteaux joliment décorées abritent des biscuits et un gâteau au chocolat recouvert d'un glaçage. Biscuits, gâteau et glaçage à la cerise sont en pâte à cuire.

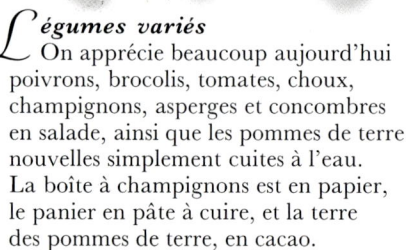

Vaisselle
Toutes sortes d'assiettes et de chopes sont confectionnées en pâte durcissant à l'air et décorées avec un motif floral.

Couteaux de cuisine
Lames en papier peint argenté fixées dans des manches en pâte à cuire. Le support est en bois et papier d'aluminium.

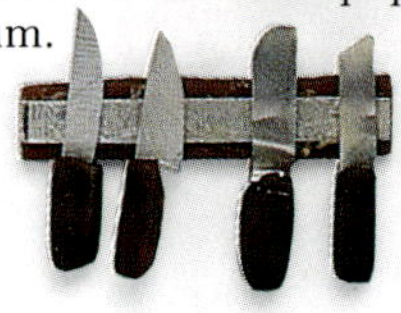

Electro-ménager
La bouilloire à thé et le mixer sont en pâte durcissant à l'air, et le four à micro-ondes est en carton.

La Cuisine Moderne

Tableau d'affichage
Idéal pour accrocher les listes de courses et comme pense-bête, ce tableau est en papier et bois. Le papier absorbant est présenté sur un dévidoir mural.

Étagère à épices
Épices et fines herbes sont conservées dans des pots en pâte à cuire disposés sur une étagère murale en bois. Les boutons des deux tiroirs sont des épingles à tête dorée.

Bocaux de verre
Ces bocaux sont les tubes en plastique qui contenaient des paillettes, et sont munis de couvercles en pâte à cuire. Ils abritent du pop-corn, des spaghettis complets, de la farine et des haricots secs (graines de sésame).

Planche à repasser et fer électrique
La planche est en bois, tissu et ruban adhésif argenté, et les pieds sont en fil de fer peint. Le fer à repasser est en pâte à cuire.

Planche à pain
Un rond de bois sert de planche à découper pour des pains en pâte à cuire. Les baguettes, qui arrivent de chez le boulanger, sont encore dans leur sac en papier.

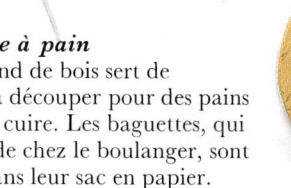

La Cuisine pratique

Quand la place est comptée, il faut savoir tirer parti du moindre espace. La vitre du sèche-linge et de la machine sur laquelle il est posé est un bouchon en plastique entouré de peinture argentée ou d'un ruban adhésif. Le tabouret en bois et les paniers superposés peuvent se ranger sous le plan de travail en bois, perles et tourillons.

25

La Cuisine
C O L O N I A L E

Les intérieurs de style colonial américain sont appréciés des décorateurs pour leur charme rustique. À l'époque, on ne connaît pas le confort moderne, l'on doit se contenter d'ustensiles de cuisine simples et sans ornements. Les objets présentent des motifs souvent rudimentaires et sont construits en matériaux courants, bois, paille et argile.

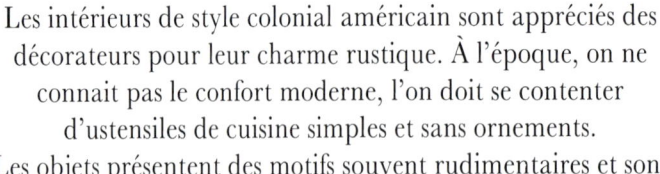

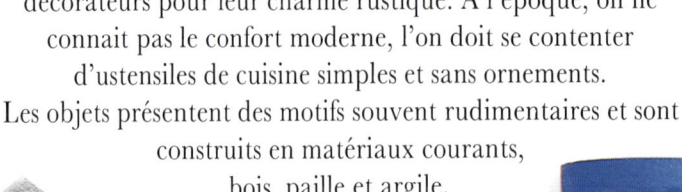

Bougies et porte-bougies
L'étain piqueté de ces appliques est figuré par du papier peint en argent. De minces rectangles de bois assemblés constituent la boîte ; les bougies sont en pâte à cuire.

Boîtes de rangement
Ces boîtes ovales de style shaker sont en papier peint sur une forme et un couvercle en bois.

Ustensiles de cuisine
L'écumoire et la lame des couteaux sont en papier d'aluminium épais ; le manche est en pâte à cuire. Les cuillers en bois sont en pâte durcissant à l'air.

Les produits du jardin
Petits pois, maïs, choux, choux-fleurs, potirons et radis composent l'essentiel des légumes quotidiens. Tous, mais également le panier le panier tressé et le bol en argile, sont en pâte à cuire, sauf les épis de maïs, représentés par des boutons.

Bûches et haches
Ce panier de bûches en pâte durcissant à l'air, contenant du bois, est flanqué d'une hache et d'une hachette en pâte à cuire.

Placard à provisions
Haut placé sur le mur, hors de portée des rongeurs et des petites mains, ce placard en bois, avec ses panneaux dont l'étain piqueté est rendu par du papier peint en argenté, contient la fournée du jour. On peut lui ajouter une serrure.

26

La Cuisine Coloniale

Les Loisirs des pionniers

La cuisine est le centre de la vie de famille des colons américains, et la maîtresse de maison y trouvera toujours de quoi s'occuper. Il faut préparer le dîner ou faire chauffer l'eau, laver les vêtements, trier et préparer les légumes du jardin. Le raccommodage et la couture, quant à eux, se pratiquent pendant les courts moments de loisirs.

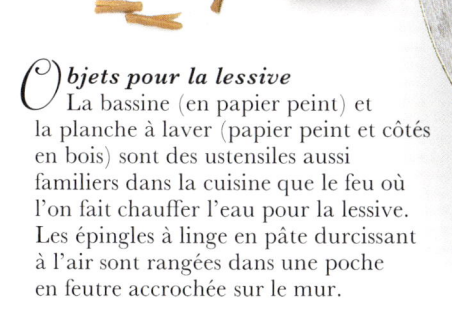

Objets pour la lessive
La bassine (en papier peint) et la planche à laver (papier peint et côtés en bois) sont des ustensiles aussi familiers dans la cuisine que le feu où l'on fait chauffer l'eau pour la lessive. Les épingles à linge en pâte durcissant à l'air sont rangées dans une poche en feutre accrochée sur le mur.

Porte-chapeaux
Des clous à tête de cuivre sur deux lattes de bois rectangulaires figurent un rangement simple et rationnel. Les sacs à poudre et à balles de fusil sont en morceaux de cuir, et le chapeau de jardin est en paille tressée ornée de perles.

Patchwork
Des carrés de tissu miniatures sont collés sur un fond, en imitation des tapis de sol réalisés avec le tissu des vêtements usagés. Le fil à coudre et la pelote à épingles sont en pâte à cuire, et la boîte est en bois.

Pots et pichets
Les pots en grès (pâte à cuire) sont utiles pour garder à l'abri des insectes les denrées sèches comme le sucre et la farine, et les pichets contiennent du cidre, du sirop d'érable et de la mélasse.

Les Provisions et Victuailles

Toute maîtresse de maison de poupée digne de ce nom doit pouvoir dispenser trois repas par jour, sans compter les fêtes et occasions spéciales. Heureusement, il ne lui faudra pour cela que de la pâte à cuire de couleur, de la pâte durcissant à l'air ou des boutons pour les assiettes, et les illustrations adéquates. Brunch dominical, dîner de Noël, goûter d'enfants ou pique-nique seront alors servis comme il se doit.

Délicieux gâteaux
Petits gâteaux au chocolat surmontés d'une cerise, gâteau au citron recouvert de pâte d'amande et forêt-noire satisferont la gourmandise de toutes les poupées. Les assiettes (page 11) sont peintes en blanc avec un filet doré.

Pâtisseries délectables
Tarte au chocolat, tranches de gâteau roulé et cornets roulés sont parfaits pour les goûters de fête. Pour le gâteau roulé, posez un rectangle de pâte blanche sur un rectangle de pâte marron et roulez-les ensemble.

Spécialités orientales
Le pain pita garni de salade et de viande ou de fromage accompagne les brochettes (épingles) d'agneau.

Menu américain
Hamburgers, frites et salade garnie sont typiques des snacks. Servez avec du ketchup, du sel et du poivre en pâte durcissant à l'air.

Repas de Noël
La dinde rôtie traditionnelle, les petits pâtés et le pudding sont accompagnés par un choix de légumes, carottes, petits pois et pommes de terre, suivis de toutes sortes de petits fruits.

La table de fête
Habillée aux couleurs de Noël, elle est ornée de nœuds et de guirlandes. Gobelets en perles et assiettes imitation porcelaine sont complétés par un bougeoir et ses bougies. Des papillotes en papier attendent d'être ouvertes.

Les Provisions et Victuailles

Repas pour toutes les occasions
Rien n'est plus facile pour la maîtresse de maison que d'organiser des repas de fête. La pâte à cuire permet de créer quantité de plats spéciaux convenant à tous les types de repas. Posez les victuailles sur le tissu adéquat, avec serviettes assorties ou décorations en papier, servez sur des assiettes en pâte durcissant à l'air peinte : vous créerez ainsi l'ambiance gastronomique de votre choix.

Des serpentins colorés donnent une ambiance de fête

Les assiettes sont des boutons blancs en plastique de différentes tailles

Il faut très peu de tissu pour faire une nappe et ses serviettes assorties

Goûter d'enfants
Hot dogs, morceaux de fromage, cornets de glace, sundaes, biscuits glacés, gelée à la fraise et gâteau orné d'un glaçage rose et de roses en sucre plairont à coup sûr aux enfants.

Brunch dominical
Ces œufs au bacon et ces saucisses ne risquent pas d'apporter du cholestérol. Accompagnez-les de champignons et de tomates sautés, de pain grillé et de petits pains tartinés de beurre et de confiture de fraises.

Thé dînatoire
Ce substantiel repas du soir, apprécié au XIXe siècle, se compose surtout de viandes froides, tartes salées et sandwiches. On lui ajoute aujourd'hui des fromages variés.

Vous pouvez varier la garniture des pâtés en croûte et des terrines

De l'édam sous sa croûte rouge et du brie bien fait accompagnent deux fromages dans leur papier d'aluminium

29

La Chambre des Parents

DE STYLE ROMANTIQUE

Interdite aux enfants, excepté au bébé, et refuge où la maîtresse de maison peut échapper à ses obligations, la chambre des parents doit beaucoup au goût de la maman. Depuis la naissance de bébé, il lui est difficile de prendre son petit déjeuner dans son lit, mais aujourd'hui est un jour spécial. Un beau bouquet marquant l'anniversaire de son mariage accompagnait son thé et la tasse en porcelaine qui lui est réservée.

Le grand lit à baldaquin qui formait une partie de sa dot tient la place d'honneur. Tentures, traversin et couvre-lit en satin moiré ont été réalisés selon ses instructions. La coiffeuse recouverte de tissu et ornée de dentelle ainsi que la chaise capitonnée de perles complètent l'ensemble. Sur la coiffeuse se trouvent le coffret à bijoux, le miroir et quelques pots de crème de beauté. Sur la petite table de nuit et sur les murs sont exposées des photos de famille.

Maman a apporté également d'autres beaux meubles quand elle s'est mariée, dont l'ancienne table à ouvrage, qu'elle utilise beaucoup pour les enfants et la maison, et la commode en acajou.

Le gilet en soie de Papa, réservé aux grandes occasions, est rangé sur le valet de nuit ; il le portera aujourd'hui pour faire plaisir à Maman.

De petits tableaux de fleurs séchées font écho au motif floral délicat du papier peint

Le berceau en coquille d'œuf doublé de dentelle constitue un nid confortable pour le bébé

*L*e lit à baldaquin
est en carton et ses
tentures sont en satin moiré

*L*es portraits de famille
sont des illustrations
miniatures collées dans des
porte-photos

**Le bouquet
d'anniversaire**
est constitué
de perles
collées sur des
paillettes et
maintenues
par du coton
à broder

*L*e paravent
à panneaux
de bois est orné
de décalcomanies

*L*es ombrelles
sont en tissu
collé sur des
piques à cocktail
portant une
perle à leur
extrémité.

Les petits trésors de Maman
Maman aime beaucoup son ombrelle ornée
de dentelle et son chapeau parisien dans sa
belle boîte enrubannée.

Le Catalogue

Accessoires de coiffeuse
Sachets de lavande, brosses et pelotes à épingles sont en pâte à cuire.

Miroir de table
Le miroir en plastique argenté est collé sur un cadre en bois. Deux tiroirs (bouton en perle) abritent des mouchoirs en dentelle. Les boîtes à droite sont des boutons.

Cartons à chapeaux
Du tissu à fleurs est collé sur des boîtes rondes en carton décorées de ruban et de dentelle, et qui abritent d'élégants chapeaux. Disposés en haut d'une armoire, ces cartons à chapeaux sont des éléments pratiques de rangement. Voir page 9.

Service à thé
Le délicat service à thé est posé sur un napperon, sur le plateau en bois. Porcelaine et tranches de gâteau au citron sont en pâte à cuire.

Coiffes diverses
Des morceaux de satin, de lainage et de feutre agrémentés de plumes et de rubans feront des chapeaux pour toutes les occasions.

Bijoux de famille
Le coffret (et sa clé) orné de décorations argentées pour gâteau de mariage abrite les bijoux en fil de fer, en perles et en strass.

Ombrelles
Satin, ruban et dentelle entourent des piques à cocktails peintes, coiffées d'une perle à leur extrémité.

La Chambre des Parents de Style Romantique

Tableaux de fleurs
Les myosotis sont séchés, collés sur du papier, puis encadrés. Les cadres sont accrochés sur le mur avec de l'adhésif double face.

Bouquet de fleurs
Des fleurs en perles et en paillettes sur du feuillage brodé au point de nœud sont collées sur un fond de papier absorbant et entourées d'un ruban.

Cadres
Les portraits de famille, découpés dans des timbres, sont collés sur des médaillons dorés de pacotille. Certains seront accrochés et d'autres montés sur un support de carton et posés sur un napperon en dentelle.

Accessoires de couture
Les minuscules compartiments, dans une bande de papier, contiennent un assortiment de fils à coudre. Ils sont toujours à portée de main, dans le haut de la boîte à couture. Les ciseaux sont découpés dans une de ces collerettes en aluminium épais ceignant le goulot des bouteilles de vin, et les boutons sont des perles. Sont utilisés aussi de la vraie dentelle et du ruban.

Souliers à la mode
Les chaussures de marche et du soir en pâte à cuire sont assorties aux tenues de la maîtresse de maison. Chaque paire est rangée dans une boîte à chaussures en papier recouverte de tissu et ornée d'un galon.

Accessoires pour messieurs
Le valet de nuit, constitué de minces rectangles de bois fixés sur un support en forme de cintre, accueille un gilet en soie aux vives couleurs. L'étagère invisible du milieu porte les boutons de manchette et de col. De solides chaussures lacées en pâte à cuire seront rangées sous le lit dans leur boîte en papier recouverte de tissu.

Étagère à bibelots
Cette étagère murale triangulaire est parfaite dans un angle. Le vase en perle de cristal accueille des fleurs séchées, et le cristal d'améthyste fait partie de la collection géologique de Papa.

Le Mobilier

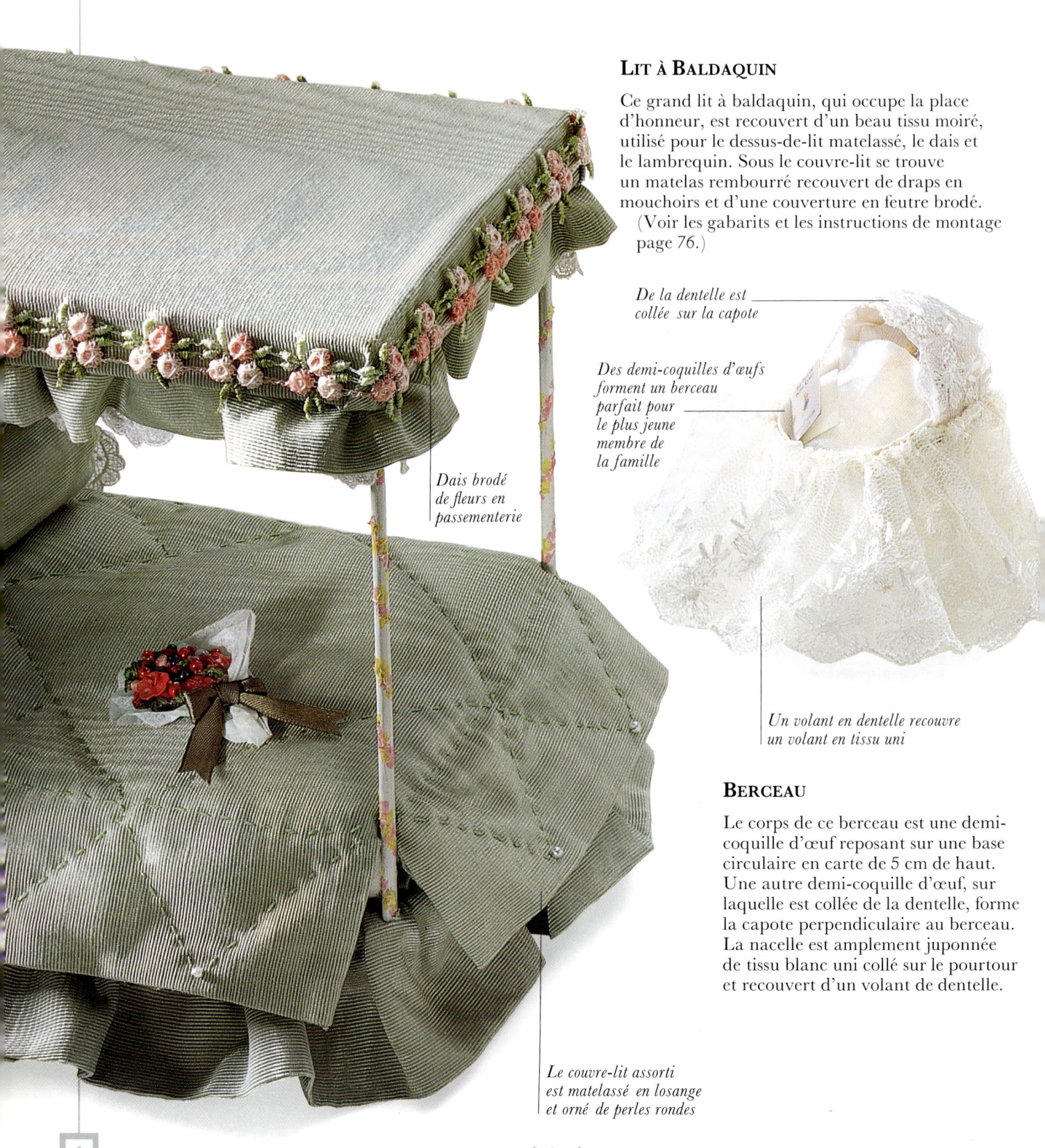

Lit à Baldaquin

Ce grand lit à baldaquin, qui occupe la place d'honneur, est recouvert d'un beau tissu moiré, utilisé pour le dessus-de-lit matelassé, le dais et le lambrequin. Sous le couvre-lit se trouve un matelas rembourré recouvert de draps en mouchoirs et d'une couverture en feutre brodé. (Voir les gabarits et les instructions de montage page 76.)

De la dentelle est collée sur la capote

Des demi-coquilles d'œufs forment un berceau parfait pour le plus jeune membre de la famille

Dais brodé de fleurs en passementerie

Un volant en dentelle recouvre un volant en tissu uni

Berceau

Le corps de ce berceau est une demi-coquille d'œuf reposant sur une base circulaire en carte de 5 cm de haut. Une autre demi-coquille d'œuf, sur laquelle est collée de la dentelle, forme la capote perpendiculaire au berceau. La nacelle est amplement juponnée de tissu blanc uni collé sur le pourtour et recouvert d'un volant de dentelle.

Le couvre-lit assorti est matelassé en losange et orné de perles rondes

La Chambre des Parents de Style Romantique

Finition acajou obtenue avec de la teinte à bois

Stickers ou décalcomanies appliqués directement sur chaque panneau

Paravent

Constitué de morceaux de chant plat teintés de couleur sombre et assemblés par du ruban à masquer, ce paravent est décoré de décalcomanies imitant de la feuille d'or. (Voir instructions et gabarits page 69.)

Le coffret est orné avec des décorations pour gâteau de mariage

Commode

Les tiroirs de cette commode en bois aux poignées figurées par des perles abritent de nombreux vêtements. (Instructions et gabarits page 75.)

Coiffeuse

Cette coiffeuse et sa chaise assortie forment un ensemble avec le lit à baldaquin. (Instructions et gabarits page 66.)

Chaise de Coiffeuse

La base de la chaise est constituée par un cube en carte de 4 cm et son dossier, par deux rectangles en carte de 9 × 4 cm dont le haut forme un triangle. Commencez par recouvrir le cube avec du tissu moiré, puis recouvrez de molleton et de tissu la face avant du dossier, que vous collerez ensuite sur le second rectangle recouvert de tissu, envers contre envers, pour obtenir un aspect bien net. Collez le dossier sur un côté du cube. Ornez le tour du siège avec une bordure de dentelle et un ruban décoratif. Collez des perles rondes sur le dossier. Confectionnez un coussin assorti et bourrez-le de sable pour lui donner du poids.

Le coussin est rembourré avec du sable

Le bord sculpté est rendu par de la dentelle teinte et collée.

Boite à Couture

Les compartiments séparés abritent toutes sortes d'accessoires de couture, de dentelles et de fils, à portée de la main. (Instructions et gabarits page 67.)

La Chambre de Petite Fille

Les cartons à chapeaux bordés de rubans et de dentelle sont faciles à fabriquer en carte. (Voir instructions page 9.)

Une chambre de petite fille offre un merveilleux prétexte pour réaliser des meubles et des accessoires féminins. Quelle jeune demoiselle, quel que soit le siècle, pourrait résister à ce ciel de lit à la polonaise habillé de tissu fleuri, avec un couvre-lit assorti, ou à cette armoire débordante de robes en coton ou à volants ?

Les meubles peints en rose évoquent d'autres temps mais plairont tout autant à la fillette d'aujourd'hui ; cette chambre est faite pour inspirer des rêves d'enfant. Une table de nuit servira à poser des objets décoratifs ou un pot d'époque avec sa cuvette, et la table recouverte de tissu permettra de dessiner ou d'écrire. Le petit tabouret bordé de ruban et la chaise à volants sont parfaits pour s'asseoir ou poser des objets.

La chambre offre toutes sortes d'objets propres à amuser une petite fille, ainsi que de nombreuses boîtes décorées de rubans pour ranger les jouets et accessoires.

Les motifs floraux du mur et des meubles donnent à la pièce un aspect champêtre. De ravissants détails, comme les roses qui forment les embrasses des rideaux et les fleurs brodées sur l'oreiller, reprennent le thème floral. Les appliques murales à l'ancienne proviennent du commerce, mais tout le reste est fait à la maison, de l'abécédaire au point de croix au tapis au petit point.

***L**e lit,*
avec son ciel de lit à la polonaise, son volant et son dessus-de-lit matelassé assorti, est habillé de draps en coton fin brodés. (Instructions de montage page 41.)

***L**'abécédaire,*
brodé avec de la soie sur un tissu fin, est bordé d'un cadre aux coins en onglet

Les accessoires
sont fabriqués en tissu et en pâte à cuire

***L**a petite poupée*
possède un corps en pâte à cuire. Son visage est une grosse perle peinte et ses cheveux sont en coton à broder.

***L**a maison de poupée*
de la fillette est complète. (Gabarits et instructions page 73.)

Trésors du coffre à jouets
Ce nounours est en pâte durcissant à l'air, et la corde à sauter (plus haut), le mouton à roulettes et le livre de découpages sont en coton à crocheter et perles.

***L**a moquette*
est un morceau de peluche épaisse découpé aux dimensions de la pièce.

37

Le Catalogue

A bécédaire
Des lettres au point de croix sont brodées sur un petit rectangle de tissu à tissage lâche, puis entourées d'un cadre en bois aux coins en onglets. (Voir page 13.)

Les peluches
Aucun des enfants de la maison de poupée ne pourrait se passer de ces nounours en pâte durcissant à l'air peinte. Le mouton à roulettes est en cure-pipes noirs recouverts de morceaux de coton.

Les poupées des poupées
Des bouts de tissu collés habillent ces poupées à la tête en perle coiffée de coton à broder, fixée sur un corps en fil de fer entouré de ruban à masquer.

Pantoufles, chaussures et cintres
Des mules en tissu-éponge brodé attendent à côté des chaussures en pâte à cuire ornées de perles. Les cintres en fil fusible sont recouverts de tissu.

Chapeaux
Des ronds de feutre entourés de ruban sont ornés de roses en ruban.

Illustrations
Elles sont découpées dans des magazines et rangées dans une boîte décorée de ruban avant d'être collées dans un cahier.

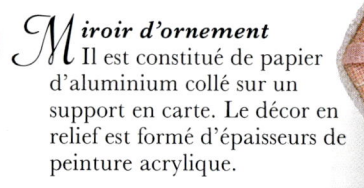

Miroir d'ornement
Il est constitué de papier d'aluminium collé sur un support en carte. Le décor en relief est formé d'épaisseurs de peinture acrylique.

Cartons à chapeaux de voyage
Ces cartons à chapeaux en carte recouverts de tissu et ornés de dentelle et de ruban ont des poignées en coton à broder. (Voir page 9.)

L'ADOLESCENTE

L'adolescente d'aujourd'hui veut décorer elle-même sa chambre. Des espaces de rangement lui sont indispensables, pour ses disques et ses magnétophones, ses colifichets et ses fanfreluches, ou ses accessoires de sport, qui finissent par déborder de la chambre.

Patins à roulettes
Les chaussures en cuir blanc aux roulettes rouges et le sac sont en pâte à cuire.

Téléphone
Le téléphone, en pâte à cuire et à cadran peint, est équipé d'un fil en pâte durcissant à l'air.

Crayons de couleur et peintures
La boîte de peinture et les crayons de couleur dans leur trousse fleurie sont en pâte à cuire.

Musique
L'adolescente ne saurait se passer de musique : baladeurs et radio sont en pâte durcissant à l'air.

Les Occupations d'une jeune fille

L'adolescente d'aujourd'hui, si elle n'est pas en train d'écouter de la musique, est pendue au téléphone ! Sa vie est un tourbillon, et elle pratique toutes sortes d'activités.

Sac à bandoulière
Assez vaste pour contenir les accessoires de maquillage et le porte-monnaie, ce sac en cuir (pâte durcissant à l'air) est orné d'un fermoir et de boucles.

Accessoires de plage
La pâte à cuire est parfaite pour les accessoires de plage, comme ces sandales en plastique, le sac de plage, la lotion solaire et les lunettes de soleil.

Le Mobilier

Intérieur doublé de tissu floral

Armoire

Cette armoire doublée de tissu offre toute la place voulue pour accrocher et ranger toute la garde-robe de mademoiselle. La décoration extérieure est coordonnée au tissu floral intérieur. (Instructions et gabarits page 74.)

Chaise à Volant

Cette chaise de coiffeuse est très féminine avec son imprimé fleuri et son jupon. (Gabarits et instructions page 73.)

Étroite bande de ruban de couleur contrastante

Boutons de porte constitués d'une grosse goutte de peinture acrylique

D'étroits rubans maintiennent le couvercle

Le dessus rembourré peut servir de siège

Le tissu est assorti à celui de la chaise de coiffeuse

Coffre à Jouets

Boîte incluse dans une boîte, ce vaste coffre peut contenir un grand nombre de livres, de jeux et de jouets. La boîte rectangulaire extérieure en carton de 8 × 4 × 4 cm est recouverte de tissu floral.

Une boîte plus petite, de 2,5 cm de haut, recouverte de tissu coordonné, est collée à l'intérieur sur le fond et les côtés.

Le couvercle est en carton rembourré de molleton et recouvert de tissu. Le dessous est constitué d'un rectangle plus petit recouvert de tissu coordonné. Le couvercle est fixé à la boîte par du ruban adhésif transparent et maintenu par du ruban étroit.

TABLE DE TOILETTE

Cette table de toilette, peinte en rose et ornée de motifs fleuris, est pratique pour ranger les colifichets d'une petite fille. (Instructions et gabarits page 72.)

Les taies d'oreillers sont brodées de motifs floraux

Le lit d'une personne est en carton avec des draps en tissu

LIT AVEC CIEL DE LIT À LA POLONAISE

Apparenté au lit à baldaquin de la chambre des parents, ce merveilleux lit de petite fille peut être fabriqué en adaptant les gabarits et les instructions des pages 76-78. Utilisez une base en carton de 78 mm de large. Le lambrequin est semblable à celui du lit à baldaquin, mais on lui ajoute un dessus recouvert de tissu.

La tête de lit en carton de 85 × 155 mm est fixée sur l'arrière du lit ; les deux côtés recouverts de tissu de 45 × 155 mm et le dessus recouvert de tissu de 85 × 43 mm lui sont assemblés.

Le ciel de lit est un rectangle un peu plus grand, environ 90 × 45 × 12 mm. Il est recouvert de tissu et orné d'un volant bordé de dentelle, collé sur l'envers. Deux rideaux bordés de dentelle ont été également fixés dans le haut de la tête de lit, avant que soit collé le ciel de lit. Des roses formant embrasses et un couvre-lit matelassé complètent les draps et les oreillers. Les taies d'oreillers sont brodées de boutons de rose.

Les rideaux bordés de dentelle sont collés sur le fond

Le canevas est brodé au point de croix

TABLE RONDE

Elle est semblable à la table de salon mais recouverte d'une nappe en calicot et d'une surnappe en canevas. (Instructions et gabarits page 72.)

Le Petit Garçon

Moins sophistiqué que son descendant moderne, le petit garçon du XIXe siècle est entouré par des livres reliés en cuir, un équipement sportif et des jouets solides. Son nounours est toujours là pour le consoler.

Cerfs-volants en papier
Comme leurs grands frères, ils sont faits de baguettes de bois et de papier, mais leur ficelle est en fil à coudre.

Tambours et baguettes
Le petit garçon s'amuse avec son tambour en papier et ses baguettes en plastique (des dents de peigne.)

Livres de classe
Les livres de lecture et d'arithmétique sont reliés en cuir (pâte à cuire).

Batte de base-ball, balle et boîte
La batte et la boîte sont en bois ; la balle et le lutin sont en pâte à modeler.

Marines
Des baguettes de bois encadrent deux voiliers miniatures en bois peint en rouge, et aux voiles et pavillons en papier peint.

Lit à lattes
La tête et le pied de ce lit d'une personne sont en chant plat, et ses pieds en tasseaux de 6 mm. Le cadre est en tasseaux avec des lattes de bois. Le tout est ensuite teinté. Le matelas de molleton est recouvert de draps en coton fin et d'un dessus-de-lit en canevas. Le nounours en cure-pipes y fait souvent la sieste.

Petit bateau et voilier
Le petit bateau pour jouer dans la baignoire est un tasseau peint. La coque du grand voilier est en pâte durcissant à l'air avec des hublots et un pont en couleur contrastante. Les voiles en papier sulfurisé peint sont fixées sur un mas en pique à cocktails. Le pavillon du bateau est en papier.

L'ADOLESCENT

Étendu sur sa couette, le jeune garçon d'aujourd'hui est entouré d'objets marqués par les progrès de la technologie. Alors que son ancêtre devait utiliser la force musculaire et les matériaux naturels, le jeune d'aujourd'hui vit dans un environnement de puces électroniques, d'électricité, de piles électriques... Ses loisirs sont occupés par les événements sportifs ou les jeux électroniques, qu'il maîtrise parfaitement.

Équipement sportif
La batte et la balle de base-ball sont en pâte à cuire, de même que les chaussures et les patins.

Téléphone et l'ordinateur
Le téléphone est en pâte à cuire et son fil en pâte durcissant à l'air. Le clavier et l'ordinateur sont aussi en pâte durcissant à l'air.

Tableau d'affichage et panier à papiers
Photos et images du jour sont piquées sur le tableau en papier encadré de bois, et le panier à papiers contient les images d'hier.

La course automobile
Les roues des voitures sont des perles, et la course se déroule sur une piste ovale électrifiée. Le tout est en pâte à cuire.

Pin brut
Les meubles d'enfant doivent être faciles à assembler et à entretenir. Les côtés de ce lit sont en chant plat et collés sur une base en carton. Les pieds en tasseau sont ajoutés en dernier. Le matelas en mousse est garni d'un drap-housse et d'une couette.

43

La Salle de Bains

RUSTIQUE

Les familles d'aujourd'hui doivent souvent se contenter de très petites salles de bains, mais, à l'époque victorienne, celles-ci étaient beaucoup plus vastes, et leurs accessoires, nettement plus volumineux.

Une armoire à linge vitrée abrite les draps amidonnés et les serviettes-éponges mousseuses ; celles de chaque membre de la famille sèchent sur des porte-serviettes en bois. Les produits de beauté sont alignés sur une étagère murale et les accessoires de rasage dans l'armoire de toilette à miroir au-dessus du lavabo. Sur la table de toilette, au miroir entouré de coquillages, sont posés une bouillotte, un pot et sa cuvette, un porte-savon et un poudrier.

Le tissu mural à fleurs est reposant lorsqu'on se délasse dans un bon bain, et des plantes d'intérieur, qui prospèrent dans l'atmosphère humide, ajoutent une note de verdure sur leur sellette en bois.

Un paravent protège l'intimité des enfants quand ils se déshabillent avant de prendre leur bain. Les rideaux et la cantonnière protègent des courants d'air, et le tapis de bain en canevas réchauffe le sol en marbre.

Pour les cas d'urgence, une ventouse et un seau se trouvent à côté du siège des toilettes.

La chasse d'eau décorative est une boîte en bois rectangulaire peinte en blanc à l'acrylique

Un bon bain
Maman, dont on ne voit que la tête protégée par un bonnet et les épaules, se prélasse quelques instants dans une eau mousseuse.

La fougère délicate
est constituée de ruban à
masquer et de fil de fer de fleuriste.
(Voir instructions page 9)

Les flacons en porcelaine et cristal
sont des perles décoratives.
(Voir d'autres idées page 17)

Le mur
est
recouvert de
tissu floral

*Le miroir
décoratif*
est constitué
de minuscules
coquillages
collés sur
un miroir
métallique

*Les objets
de toilette*
sont en pâte
durcissant à
l'air et en tissu

Baignoire,
lavabo et toilettes sont
décorés au pochoir et les
robinets sont peints en cuivre

Le Catalogue

Accessoires de bain
Morceaux de chant plat, coton hydrophile et éponge naturelle permettront de constituer un assortiment d'accessoires utiles, caillebotis, pont de baignoire, éponges et brosses à dos et à ongles.

Étagère et produits de beauté
L'étagère en bois teinté et verni est composée de trois planches, ses deux côtés étant fixés sur un fond incurvé. Parfums et lotions abrités dans des flacons de perles en cristal y sont disposés. Les boîtes sont de petits blocs de bois recouverts de papier cadeau.

Plante verte et violettes
Les longues feuilles sont en ruban à masquer, montées sur du fil fusible (voir page 9), et les petites feuilles et les pots sont en pâte durcissant à l'air.

Dévidoir et patères
Ils sont en bois verni garnis de clous à tête dorée. Du fil de fer mince maintient le rouleau, découpé dans des mouchoirs en papier et roulé.

Pièces en tissu
La robe de chambre et son bonnet assorti sont en coton. Le motif floral convient à la trousse de toilette, et mules et mocassins sont en feutre avec des semelles en ruban à masquer. Un échantillon de tissu rayé forme le tapis de bain, dont la frange est obtenue en tirant les fils sur les bords.

Ventouse et seau
La ventouse est composée d'une pique à cocktail et de pâte durcissant à l'air ; gabarits du seau page 66.

46

La Salle de Bains Rustique

*P*oudre et poudrier
La boîte est en papier fleuri collé sur des formes ovales ; la houpette est en coton hydrophile.

L'armoire de toilette de Monsieur
Complète avec son miroir en papier d'aluminium et son bouton-perle, cette armoire en bois verni contient tous les accessoires de rasage nécessaires. Savon à barbe et blaireau en pâte à cuire accompagnent des rasoirs en pâte durcissant à l'air peinte en argent.

*S*avons parfumés
Appréciés des habitants de la maison et des invités, les savons parfumés sont des perles ou des boules de pâte à cuire enveloppées de Kleenex et décorées d'une étiquette. La boîte et son couvercle consistent en un bloc de bois rectangulaire et d'une forme en carton, enveloppés de papier floral.

*A*ccessoires de toilette
Cruche, cuvette et porte-savon en porcelaine (pâte durcissant à l'air) sont indispensables à la toilette de la poupée victorienne. Ils sont décorés d'un joli motif.

*B*ouillottes
Elles sont en pâte à cuire. Le motif est réalisé avant cuisson avec un outil pointu.

*M*iroirs mural et à main
Un vrai miroir est décoré de coquillages collés sur le pourtour. Le petit miroir est en papier d'aluminium collé sur un bouton de blazer métallique et fixé sur une base en carton.

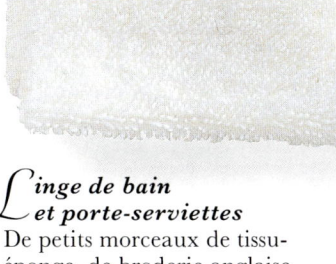

*L*inge de bain et porte-serviettes
De petits morceaux de tissu-éponge, de broderie anglaise et de drap rayé forment le linge de bain. Un étroit ruban les entoure, à la manière victorienne, lorsqu'ils sont rangés dans l'armoire. Le porte-serviettes est fabriqué d'après les gabarits page 70.

Le Mobilier

Petite Table Carrée

Semblable à celle du salon, cette petite table peut accueillir les savons et les serviettes d'invités ou quelques magazines. (Instructions et gabarits page 80.)

Violettes en pâte à cuire dans des pots en pâte durcissant à l'air

Paravent en Tissu

Pour protéger l'intimité des poupées, créez un paravent avec du tissu raidi avec de la colle à papier, froncé sur un cadre en chant plat. (Instructions de montage page 80.)

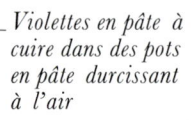

Le tissu est plissé puis raidi avec de la colle à papier peint

Une décalcomanie figure cette décoration à la feuille d'or.

Sellette à Plantes Vertes

Les instructions et gabarits sont en page 70.

Napperon découpé dans de la dentelle

Table de Toilette en Bois

Table en chant plat teintée, avec des perles pour les poignées de tiroirs et ornée d'un sticker ou d'une décalcomanie. Entre deux tasseaux de 10 cm (section 6 mm), collez le rectangle du fond (75 × 40 mm). Coupez deux tasseaux de 65 mm pour les pieds de devant et collez deux chants plats de 22 × 10 mm sur les côtés, et un de 6 mm de large sur lequel vous collez les deux tiroirs. Découpez l'étagère du bas, de 34 × 80 mm, faites une encoche à chaque angle et collez entre les pieds. Ajoutez l'étagère du haut, de 40 × 85 mm, en pratiquant de même une encoche sur les deux angles du fond pour l'encastrer. Placez la décoration et les perles pour les poignées de tiroir.

Cruche et cuvette sont en pâte durcissant à l'air

48

Armoire à Linge

Variante de celle de la page 40, cette armoire rectangulaire est en chant plat. Adaptez les gabarits de la page 74, mais utilisez celui de la page 75 pour la porte. Des rectangles de plastique transparent sont fixés derrière le cadre en bois pour figurer les vitres. Une des étagères forme la base de l'armoire, les quatre autres sont recouvertes de papier. Le cuivre des charnières est rendu par le ruban adhésif doré, et les boutons de porte sont des perles dorées. Une moulure, découpée grossièrement dans le bois puis poncée avec du papier de verre entourant un crayon, décore le haut. Toutes les parties visibles sont teintées.

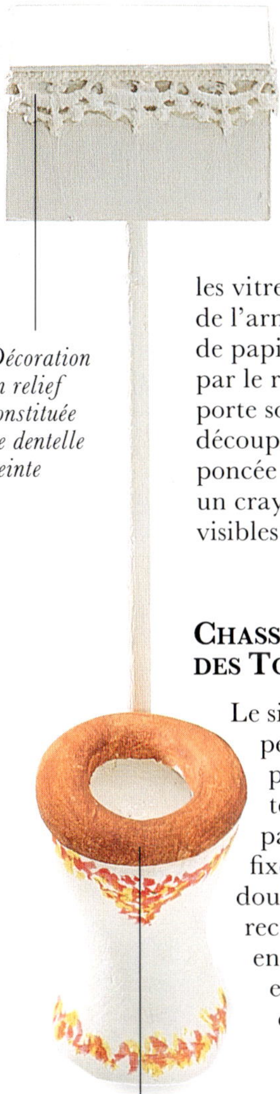

Décoration en relief constituée de dentelle peinte

Chasse d'eau et Siège des Toilettes

Le siège, en pâte durcissant à l'air peinte en blanc, semble décoré au pochoir, et son abattant en pâte est teinté bois. Il est relié au réservoir par un tourillon peint en blanc et fixé avec un morceau d'adhésif double face. Le réservoir rectangulaire, en bois peint en blanc (25 × 40 × 23 mm), est décoré d'une bordure en dentelle.

Abattant en bois (pâte durcissant à l'air) peint en marron

Ne faites que la tête et les épaules en pâte durcissant à l'air. Du coton hydrophile figure la mousse.

Draps et serviettes miniatures

Lavabo

Assorti au reste de la salle de bains, ce lavabo sur colonne en pâte durcissant à l'air semble décoré au pochoir et le cuivre de ses robinets n'est que de la pâte à cuire. Le minuscule bouchon fermant le trou d'évacuation doré est attaché à une fine chaîne.

Une chaînette dorée retient le bouchon en pâte durcissant à l'air

Baignoire à Pieds

Cette grande baignoire peinte en blanc est en pâte durcissant à l'air, avec des robinets en pâte à cuire, et elle est décorée d'une bordure au pochoir. Un bouchon en pâte à cuire est fixé à une mince chaîne.

La Salle de Bains
MODERNE

Cette salle de bains de poupée contient de nombreux accessoires de beauté et une quantité d'ingrédients en boîte ou en flacon, indispensables aux soins du matin et du soir. La plomberie moderne a permis de remplacer l'antique table de toilette, avec sa cruche et sa cuvette, par un lavabo avec robinets d'eau chaude et d'eau froide, et la baignoire en fonte a fait place à une douche entourée de carreaux de faïence et d'un rideau. L'ensemble est peut-être moins esthétique, mais certainement plus pratique.

Accessoires électriques
Sèche-cheveux, rouleaux chauffants et rasoir électrique en pâte durcissant à l'air sont des accessoires essentiels.

Papier toilette
Le papier pastel est découpé dans des mouchoirs en papier enroulés sur une paille. Le support est en fil de fer et en bois.

Bouillotte
Ce rectangle, en pâte durcissant à l'air — comme le bouchon hermétique —, est recouvert de tissu décoré au feutre.

Serviettes
Des restes de tissu-éponge ont permis de fabriquer un assortiment de serviettes et de draps de bain, teints ensuite avec un colorant alimentaire. Le porte-serviettes, fixé au mur et non posé sur le sol, est constitué de bois peint en blanc et d'un mince tourillon.

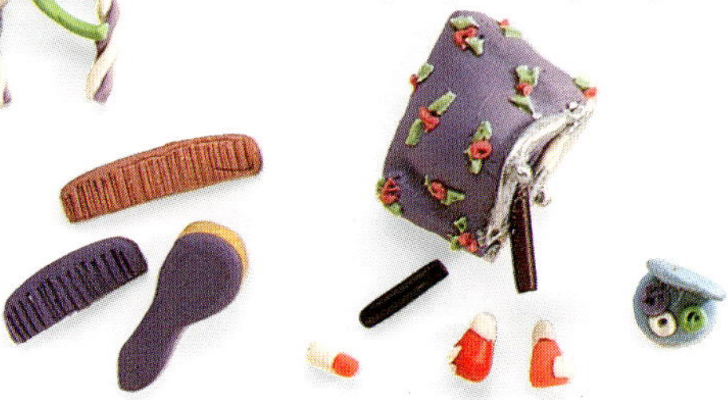

Accessoires de maquillage
Une trousse à fermeture à glissière contient du rouge à lèvres, du vernis à ongles et du mascara en pâte durcissant à l'air, ainsi que du fard à paupières figuré par une perle.

Soin des cheveux
Brosses, peignes et serre-tête sont rangés dans un panier. Tous sont en pâte à cuire.

Jouets pour le bain
Poissons, canards et petit bateau sont fabriqués en pâte durcissant à l'air.

❖ 50 ❖

La Salle de Bains Moderne

Hygiène dentaire
L'assortiment de brosses, une pour chaque membre de la famille, le verre et la pâte dentifrice sont en pâte à cuire.

Pèse-personne
Deux rectangles en pâte durcissant à l'air de différentes tailles sont collés l'un sur l'autre. Les chiffres sont écrits à l'encre ou découpés dans du papier et surmontés d'un cercle en plastique. Pour plus de confort, du feutre est collé sur le dessus.

Éponges
Éponges naturelles et synthétiques sont découpées à la forme appropriée. Les boucles de fil fixées au loofa permettent de se frotter le dos.

Savons assortis
Gros savons pour le bain, petits savons pour les invités et savons sur cordelière sont courants dans les salles de bains modernes. Il suffit d'un peu de pâte à cuire et de coton à broder.

Étagère pour les accessoires
Une étagère en bois abrite parfums, crèmes, lotions et mouchoirs indispensables à la poupée moderne. La plupart sont en pâte durcissant à l'air.

Ensemble pour W.-C.
Les trois pièces, tapis, contour et dessus de l'abattant, sont découpées dans du tissu-éponge extensible de teinte assortie aux serviettes.

Cabine de douche

Quand l'espace est limité, la cabine de douche, qui prend moins de place que la baignoire, est la bonne solution. Rien n'empêche même de la placer, de même que le lavabo, dans la chambre des parents.

Le Salon

DE STYLE ANGLAIS

Le salon est non seulement la plus belle pièce de la maison mais aussi un modèle de confort et d'atmosphère chaleureuse et détendue.

Le décor est un peu formel mais cossu, avec l'élégant papier mural à rayures, la cantonnière, les beaux rideaux et les tapis au petit point. Les tableaux suspendus à des rubans sont très à la mode de l'époque, comme ces cadres ovales renfermant des fleurs séchées.

Les meubles sont également cossus. La vitrine contient des bibelots, hors de portée des enfants. La chaise tapissée de vert est en chêne massif, de même que le bureau et son fauteuil assorti. Le canapé en velours à franges et le fauteuil en brocart sont plus luxueux.

De nombreux objets témoignent de la prospérité des habitants : chiens en porcelaine du Staffordshire, assiettes anciennes sur le mur, collection de pichets et diverses peintures à l'huile dans leur cadre doré. Selon les conventions du XIXe siècle, Maman a disposé dans le salon tous ses objets de valeur, pour impressionner ses visiteurs.

Le confort n'est pas oublié, avec les coussins moelleux sur le canapé, le petit tabouret en tapisserie, les accessoires pour les fumeurs, et l'assortiment de fruits frais et de prunes confites dans leur coupe en opaline posée sur la table ronde.

Fleurs et plantes vertes disposées dans la pièce témoignent de la présence de Maman. Le pot-pourri, sur la nappe au crochet, aide à dissiper l'odeur du cigare des amis de Papa.

Les portraits d'ancêtres sont de vraies photographies découpées et placées dans des cadres tressés

Les roses du jardin en pâte à cuire, tout juste cueillies, sont posées dans un panier en pâte durcissant à l'air

*L**es rideaux en velours* sont fixés sur une cantonnière en carton bordée d'une frange

*L**es tableaux* sont des timbres encadrés de baguettes de bois taillées en onglet. (Instructions page 13)

*L**es plantes vertes* sont faciles à réaliser avec du ruban à masquer et du fil de fer. (Instructions page 9)

*L**es porcelaines décoratives* en pâte durcissant à l'air sont faciles à réaliser. (Voir page 11)

*L**e tapis* au petit point est réalisé rapidement avec un rectangle de canevas et de la soie ou du coton à broder

Le coin de Papa
Le reste de la maison est le domaine de Maman, mais Papa a insisté pour avoir, dans le salon, son propre bureau et ses accessoires de fumeur.

53

Le Catalogue

Accessoires de fumeur
Une boîte de cigares et un pot à tabac accompagnent le cendrier sur pied. Ils sont en pâte à cuire décorée avec de la peinture dorée. La boîte est en bois.

Cadres dorés
Des scènes pastorales, découpées dans des magazines ou des cartes de vœux, sont serties dans des cadres en pâte durcissant à l'air, sculptée puis peinte en doré.

Porcelaines décoratives
Ces figurines en pâte durcissant à l'air peuvent orner étagères et dessus de cheminée.

Petits coussins
Des morceaux de satin sont froncés et cousus sur un rond de molleton. Un petit morceau de galon fleuri apporte la touche finale. (Voir page 15.)

Cadres en tissu
À l'époque victorienne, les rubans sur les murs étaient très à la mode. Ici, des portraits de famille sont encadrés d'une tresse rehaussée d'un nœud de ruban. Des cadres ovales en papier renfermant des fleurs séchées sont présentés sur des rubans.

Petits cadres et napperon
De minuscules images sont collées sur un fond en carton et encadrées de pâte argentée durcissant à l'air, puis posées sur un morceau de dentelle.

Accessoires de bureau
Livres en bois recouvert de papier permettent d'accentuer l'atmosphère chaleureuse de la pièce. Les coins du sous-main sont en ruban, les stylos en pâte durcissant à l'air, la boîte à timbres est en bois et le classeur en papier.

54

Le Salon de Style Anglais

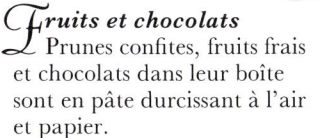

Fruits et chocolats
Prunes confites, fruits frais et chocolats dans leur boîte sont en pâte durcissant à l'air et papier.

Assiettes décoratives
Des motifs de couleurs gaies et rappelant ceux du XVIIIe siècle sont peints sur des ronds de pâte à cuire. À cette époque, comme aujourd'hui, on accrochait des assiettes décoratives aux murs.

Collection de papillons
Le cadre est en bois teinté et verni ; les insectes en papier soigneusement découpés dans un magazine, font le bonheur du collectionneur.

Pendule murale
Le cadran est un bouton et le balancier, une attache parisienne. La décoration consiste en étroites bandes de ruban adhésif doré.

Plantes et fleurs
L'apidistra en ruban à masquer et fil de fer plastifié ainsi que les fleurs séchées en pâte durcissant à l'air sont présentées dans un vase d'émaux cloisonnés (perle).

Étagère d'angle
Les instructions et gabarits pour cette étagère d'angle se trouvent page 80. Les pichets imitation porcelaine sont en pâte durcissant à l'air.

Roses
Les roses du jardin en pâte durcissant à l'air, aux tiges en fil de fer plastifié, sont posées dans un panier en pâte durcissant à l'air, à côté d'un pot-pourri.

Tapisserie brodée
Un rectangle de canevas brodé de losanges au petit point constitue un tapis parfait. Le tabouret est une boîte rectangulaire en bois avec des pieds de perles en bois. Une tapisserie au petit point recouvre le rembourrage.

Le Mobilier

TABLE RONDE Cette table en carton est fabriquée exactement comme une table de dimensions normales. (Instructions page 72.)

Découpes soigneusement pratiquées

Étagères et côtés en miroir (papier d'aluminium)

MEUBLE VITRÉ

Le fond de ce meuble en carton est un rectangle de 65 × 112 mm sur lequel ont été collés deux côtés de 25 × 100 mm chacun et un rectangle pour le dessus. Collez du papier d'aluminium à l'intérieur du meuble et sur le dessus des trois étagères. Collez les étagères, dont l'une formera la base du meuble et portera les pieds. Découpez deux portes (gabarit de la page 75). Fixez-les sur les côtés avec des charnières en ruban à masquer ; ajoutez des perles pour les boutons de porte et quatre tasseaux longs de 6 mm pour les pieds.

Une surnappe en dentelle est posée sur un épais velours

BERGÈRE

Voici un fauteuil confortable, avec son siège, son dossier et ses bras capitonnés, recouvert d'un solide tissu floral. (Instructions et gabarits page 70.)

Perles irisées pour les boutons de porte

CHAISE D'APPOINT

Cette chaise est facile à réaliser en carton, pâte durcissant à l'air, molleton et tissu. Pour le siège, fabriquez une boîte en carton rectangulaire, l'avant mesurant 50 mm et l'arrière 45 mm, avec des côtés de 40 mm, et une profondeur de 12 mm. Rembourrez avec du molleton et recouvrez de tissu, en le rentrant aux angles. Recouvrez de tissu un autre morceau de carton aux dimensions du siège et collez-le sous le siège de façon à obtenir une base pour les pieds. Découpez un dossier rectangulaire de 65 × 40 mm. Recouvrez le devant de molleton et de tissu. Collez le côté rembourré sur le fond du siège. Collez du ruban tout autour et ajoutez quatre pieds en pâte durcissant à l'air.

Pieds en pâte durcissant à l'air

Le Salon de Style Anglais

BUREAU EN BOIS

Ce bureau est facile à réaliser en chant plat, contre-plaqué de 3 mm et clous en laiton. Découpez dans le contre-plaqué un rectangle de 125 × 65 mm pour le fond et deux rectangles de 60 × 65 mm pour les côtés intérieurs. Découpez dans le chant plat deux côtés extérieurs (60 × 65 mm), un plateau de 125 × 62 mm et deux panneaux de 38 × 67 mm. Teintez tous les morceaux. Après séchage, assemblez puis collez les deux côtés extérieurs sur le fond. Ajustez les deux côtés intérieurs et collez-les sur le fond, puis ajoutez les panneaux et le plateau. Découpez six façades de tiroirs de 15 × 30 mm dans le chant plat et collez-en trois de chaque côté du bureau. Enfoncez des attaches parisiennes dans le bois pour figurer les poignées.

Encriers-perles en faux cristal

PETITE TABLE CARRÉE

Ce petit meuble est pratique comme table d'appoint, ici ou là dans la maison, pour y poser une plante ou des photographies. (Instructions page 80.)

CHAISE EN BOIS

De la même teinte que celle du bureau, elle est réalisée d'après les gabarits et les instructions de la page 80.

Enfoncez des attaches parisiennes dans le bois pour figurer les poignées de tiroir

Bras, dossier et siège sont bien rembourrés

CANAPÉ

Ce profond canapé tient la place d'honneur dans le salon. Son bord frangé et ses pieds constitués de grosses perles en bois sont de style victorien. (Instructions page 71.)

Des chocolats en pâte à cuire se cachent dans une boîte recouverte de papier doré

Le Salon
1 9 3 0

Pour recréer ce style, il faut prendre en compte les influences propres à l'époque, entre autres un changement total d'optique dans la décoration et une mauvaise situation économique. Les designers Arts déco prisaient les détails géométriques pour la décoration des meubles et les motifs vivement colorés pour la faïence. Étant donné les difficultés de la conjoncture, le tricot et la broderie faits main remplaçaient souvent les produits manufacturés.

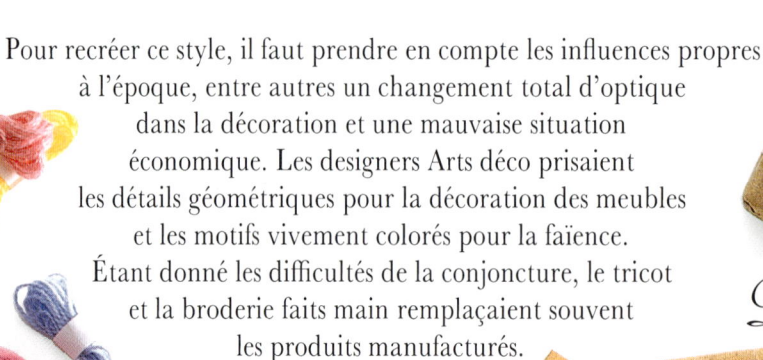

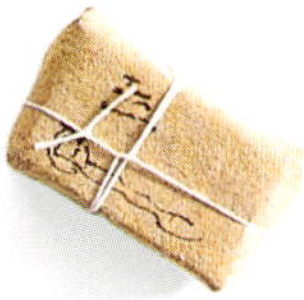

Petits cadeaux
Contenant des chaussettes et des gants tricotés, ces boîtes en bois enveloppées de papier sont entourées d'un fil en guise de ficelle.

Service à thé
Théière, tasses et soucoupes, sucrier et pot à lait sont en pâte durcissant à l'air peinte. (Voir page 11.)

Accessoires de tricot
Ces aiguilles en piques à cocktails coiffées d'une perle en bois servent à tricoter des écheveaux de coton à broder. Aiguilles et laine sont rangées dans des sacs à tricot en feutre brodé.

Album de photographies
Les feuilles en papier abritent des photographies de parents, découpées dans des timbres, des magazines et des catalogues. La couverture façon cuir est en carton bordé de papier.

Pendule Arts déco
Des rectangles de tasseau sont collés en escalier sur un bloc central. Le cadran est découpé dans un magazine.

Assiettes 1930
Un décor d'époque est peint sur les assiettes en pâte durcissant à l'air. (Voir comment fabriquer les assiettes page 11.)

Tapisserie encadrée
L'image est brodée au demi-point sur du canevas, avec un seul brin de coton à broder. (Voir page 13 pour l'encadrement.)

58

Le Salon 1930

La Chaleur du foyer

Le salon des années 30 est un havre de paix et de confort où l'on peut oublier les problèmes économiques et politiques. La famille y est toujours présente, comme en témoignent les cadeaux enveloppés prêts à être postés et l'album de photos souvent feuilleté. On écoute la radio tout en tricotant, et la table roulante est toujours chargée de douceurs qui font oublier les soucis quotidiens.

La radio des années 30
Façades en bois découpé (carton) sur des haut-parleurs en canevas. Des perles figurent les boutons en Bakélite.

Pipes et tabac
Les pipes sont posées sur un porte-pipes en bois découpé, et la blague à tabac en feutre laisse échapper quelques brins de vrai tabac. Le cure-pipe est une pique à cocktail peinte en blanc.

Porte-revues
Réalisé en carton, il contient divers magazines et journaux en papier, ou en bois recouvert d'illustrations.

Confortables coussins
Ces coussins de sol ou de canapé, carrés de tissu uni ou peluche, sont bourrés de millet ou d'autres graines. On peut aussi broder un motif de fleurs sur du tissu uni et l'entourer d'un point de chaînette avant de bourrer le coussin.

Miroir décoratif
Miroir en plastique argenté sur fond de carton, orné d'une décoration en pâte durcissant à l'air peinte. Une chaînette dorée permet de le suspendre.

La Famille

On peut créer toute une famille de poupées avec de la pâte à cuire, des cure-pipes, du sparadrap, de la colle forte transparente et du tissu. La tête et les membres sont en pâte à cuire. Après séchage, le corps est assemblé puis habillé. Ajoutez quelques brins de lavande pour parfumer les poupées. Les visages sont modelés au choix. Les traits sont peints, mais il vous faudra peut-être vous exercer d'abord sur du papier avant de devenir expert. Représentez les sourcils et le contour des yeux avec de la peinture marron. Après séchage, ajoutez les iris et une touche de blanc dans les angles, et terminez par des sourcils et des ombres marron. Peignez la bouche en rouge ou en rose.

La moustache est en pâte à cuire, de la couleur des cheveux

Des brins de coton gris tressés figurent des cheveux gris

La frange est d'abord collée sur le dessus de la tête, et des tresses blondes la recouvrent en partie

Le bandeau maintient les cheveux et permet de changer de coiffure

Peinture acrylique rose posée sur les joues en guise de blush

La natte est maintenue par un ruban de satin

Étirez la pâte au milieu pour faire un long nez

Avec de l'acrylique, la cornée blanche est ajoutée après l'iris peint en bleu.

Des brins de lavande à l'intérieur du corps parfument les poupées

Du sparadrap sert à assembler les membres au corps

Des cure-pipes sont utilisés pour l'ossature du corps

La couleur de la chair est recréée en mélangeant plusieurs nuances de pâte à cuire

Le molleton et les tissus en coton servent à rembourrer le torse de la poupée

La Famille

Tête, cou et épaules sont d'une pièce

Modelez les traits en pinçant le nez et en enfonçant légèrement les yeux

Les cheveux sont modelés séparément puis ajoutés à la tête, le tout étant cuit ensemble

Pliez le cure-pipe pour former le haut des bras

Pliez la jambe à l'endroit de la cheville et aplatissez pour former le pied

Pressez doucement l'extrémité avec le pouce pour former la main

Collez du tissu sur les membres

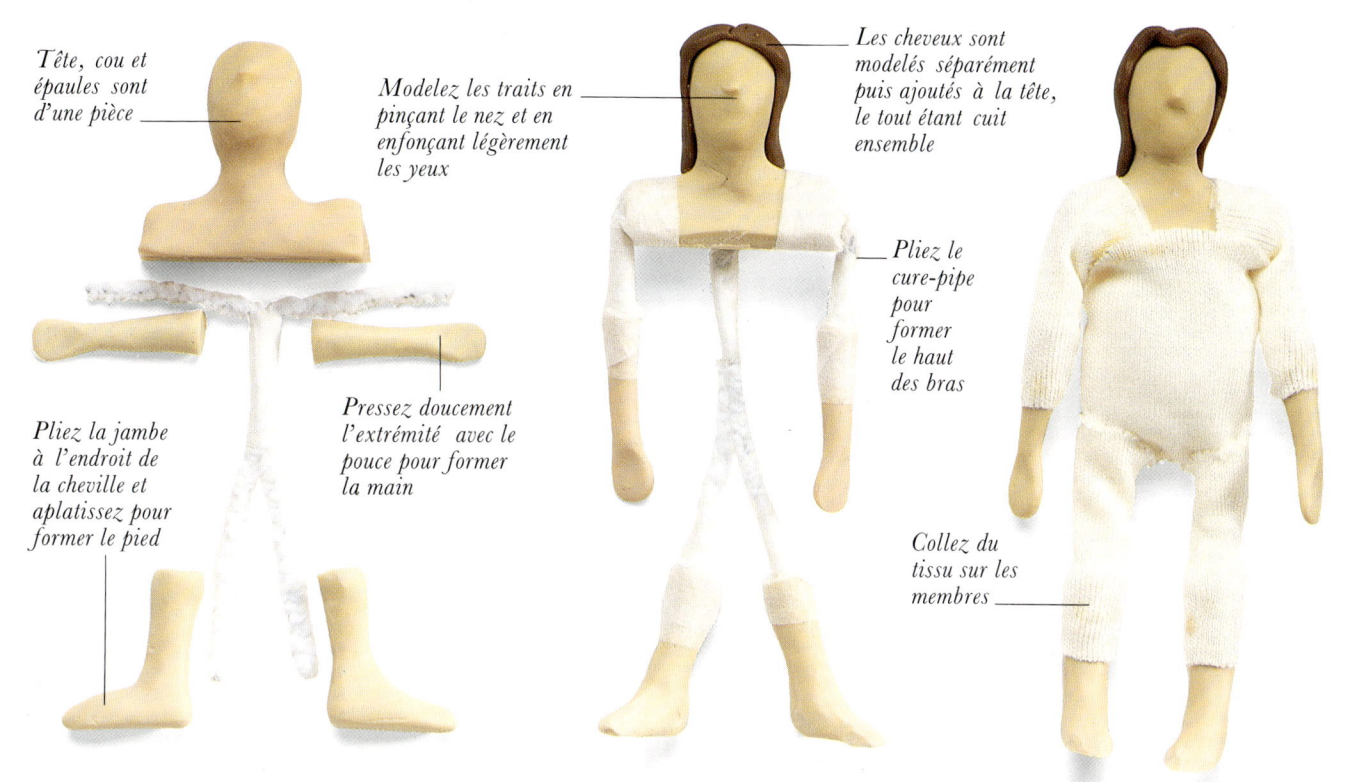

Réalisation d'un Personnage

Dans une boule de pâte à cuire de 2,5 cm de diamètre, mélangée pour obtenir la teinte appropriée, sculptez la tête, le cou et les épaules. Modelez les traits à votre choix.

Modelez des épaules carrées que vous appuierez sur un tourillon pour former une gouttière en dessous.

Roulez un boudin en pâte à cuire pour les bras et un autre plus gros pour les jambes. Assemblez deux cure-pipes avec du sparadrap ; écartez et aplatissez le haut.

Assemblage des Pièces

Faites cuire les pièces modelées selon les instructions du fabricant. Si vous ajoutez des cheveux en pâte à cuire, appliquez-les sur la tête déjà cuite et faites recuire le tout. Si vous préférez des cheveux en coton, voyez ci-dessous.

Collez les cure-pipes sur la gouttière au-dessous des épaules, avec de la colle forte transparente, et maintenez avec du sparadrap. Assemblez ensuite les jambes et les bras sur les cure-pipes avec du sparadrap.

Finition du Corps

Rembourrez légèrement le torse avec du molleton et des brins de lavande. Recouvrez ensuite le squelette avec du tissu tricot, en le coupant aux dimensions voulues. Collez le tissu sur les membres et cousez les raccords.

Cheveux en coton

On peut, quand la poupée est terminée, lui fixer des cheveux en coton à broder de différentes couleurs. Enroulez le brin environ dix fois autour de vos doigts (deux doigts pour des cheveux courts, trois pour des cheveux longs). Assemblez les brins en travers, au point de chaînette. Quand ils sont bien fixés, coupez les extrémités. Collez les cheveux sur le dessus de la tête, le point de chaînette étant au milieu. Vous pouvez varier les coiffures en ajoutant une frange ou en tressant les brins.

61

Les Vêtements de la Famille

S'il est possible de confectionner des habits d'après un patron, il est beaucoup plus simple de vêtir les poupées avec des morceaux de tissu collés directement sur elles. Les tissus unis ou à petit imprimé conviennent le mieux. Pour empêcher les bords de certains tissus de s'effranger, utilisez de l'Anti-effiloche ou du vernis à ongles transparent. Les tissus doivent être en fibres naturelles, lesquelles s'apprêtent mieux que les polyesters ou les acryliques.

Cheveux et boucles d'oreilles sont collés sur la tête ou réalisés en pâte à cuire, et les chaussures peuvent être peintes directement sur les pieds.

Pantalon et gilet sont des formes simples coupées aux mesures voulues puis collées

Entourez chaque jambe de tissu et faites les coutures intérieures

Cousez les côtés du gilet après avoir habillé la poupée

Habiller une Femme

Les vêtements sont généralement en plusieurs pièces. Tout d'abord, un jupon de broderie anglaise est appliqué directement sur le corps. Puis les manches et le corsage de la robe sont fixés, suivis par la jupe froncée. On ajoute enfin de la dentelle ou d'autres détails.

La robe est en plusieurs pièces. Assemblez d'abord les manches et le dos, puis la jupe froncée et, enfin, le devant du corsage avec le col en dentelle. Le jupon de broderie anglaise est confectionné en premier

Les détails finissent et décorent les vêtements

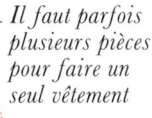

Habiller un Homme

Pantalon et haut sont appliqués directement sur le caleçon long, qui forme le corps. La chemise est composée d'un dos, d'un devant et de manches séparés, mais le gilet et le pantalon sont d'une pièce. Entourez chaque jambe avec le tissu et effectuez les coutures intérieures. Passez le gilet par la tête et faites les coutures de côté.

Il faut parfois plusieurs pièces pour faire un seul vêtement

La Galerie des Costumes

Les cheveux sont en pâte durcissant à l'air ; la moustache et les chaussures sont peintes après séchage

Les bébés portent des couches en tissu-éponge, et la robe de baptême est en dentelle sur satin blanc

La femme de chambre porte un bonnet et un tablier sur une robe en tissu rayé

L'homme porte une veste et un foulard en satin sur un pantalon en coton

La femme porte une robe en satin bordée d'écossais. Son chapeau en tissu assorti est orné d'une plume

Les boucles d'oreilles sont de petits bijoux de pacotille collés sur la tête

La fillette porte une robe à petits motifs avec un tablier en dentelle. Ses chaussures à barrette sont peintes directement sur les pieds

La campagnarde est habillée d'une robe en calicot, et son tablier est tissé à la main. Le chapeau de paille est en coton à broder tressé

L'adolescente porte un pull-over tricoté et un pantalon en velours côtelé

Le jeune garçon au visage parsemé de taches de rousseur porte un jean et une chemise à carreaux

Utilisation des Gabarits

Les gabarits sont conçus pour des meubles à l'échelle 1/12. Décalquez-les sur du papier pour les reproduire ensuite sur du bois ou du carton. Reportez bien les lignes de pliure ; une équerre vous facilitera le travail. Il est conseillé d'assembler grossièrement toutes les pièces avant de les coller, afin de pouvoir éventuellement les rectifier. N'oubliez pas aussi de teinter les pièces en bois avant d'étaler la colle.

Il se peut que vous vouliez agrandir un gabarit pour une poupée plus grande, comme les poupées-mannequins, ou au contraire réduire un modèle trouvé dans un autre ouvrage. Les instructions données à la page suivante sont faciles à suivre, mais le résultat dépendra de la précision des mesures et des emplacements.

Pour réduire un modèle ou un gabarit, suivez le même procédé que pour l'agrandir, mais en travaillant du plus grand vers le plus petit.

Vous trouverez les instructions nécessaires pour fabriquer chaque objet en regard des gabarits correspondants. Outre les matériaux indiqués dans la liste, il vous faudra des ciseaux ou un cutter pour découper et inciser les gabarits.

Certains gabarits, devant être utilisés plusieurs fois pour fabriquer un objet particulier, portent la légende « Coupez 2 fois », par exemple.

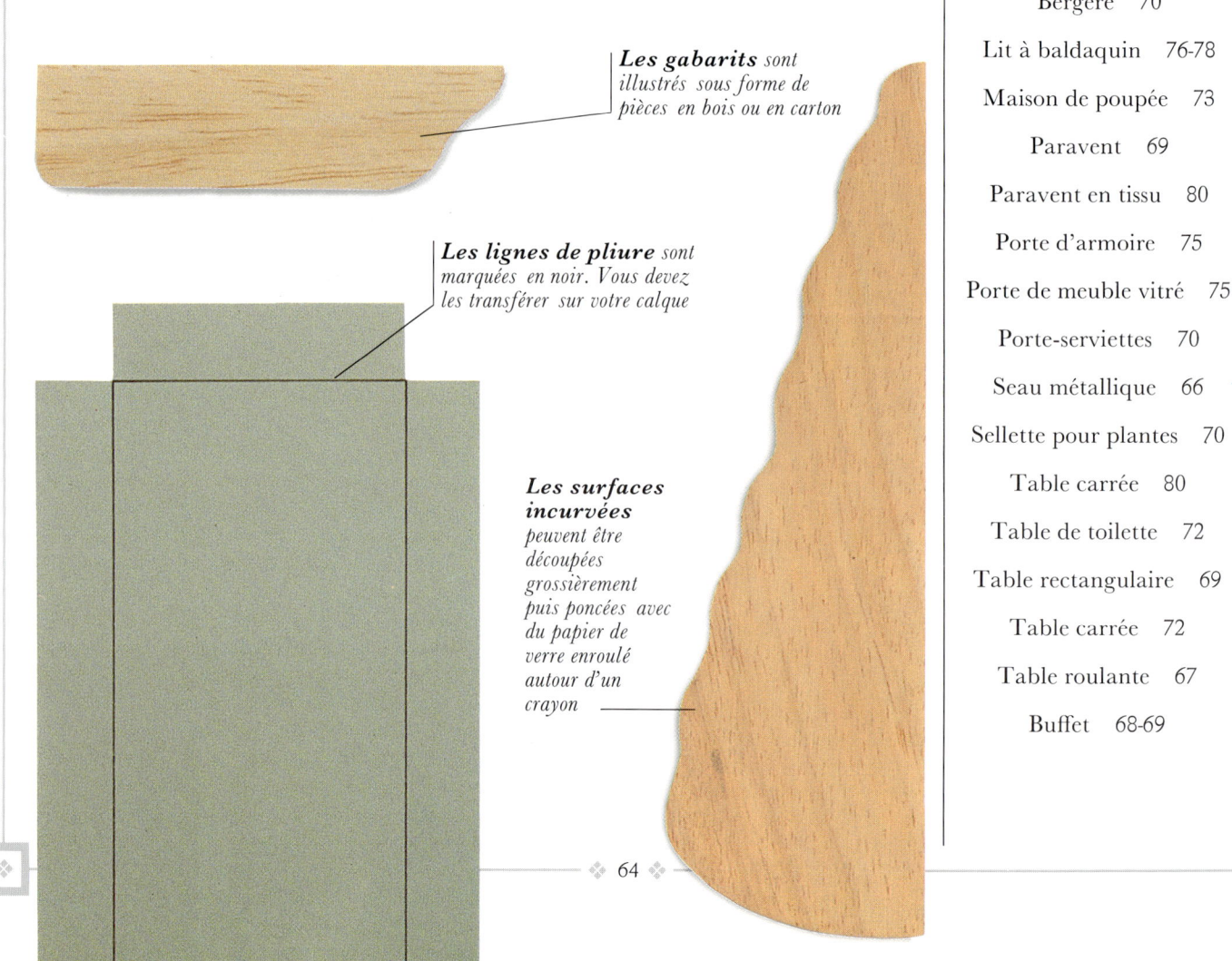

Les gabarits sont illustrés sous forme de pièces en bois ou en carton

Les lignes de pliure sont marquées en noir. Vous devez les transférer sur votre calque

Les surfaces incurvées peuvent être découpées grossièrement puis poncées avec du papier de verre enroulé autour d'un crayon

Index des Gabarits
Instructions

Armoire 74

Boîte à couture 67

Canapé 71

Chaise en bois 80

Chaise à volant 73

Coiffeuse 66

Commode 75

Cuisinière à charbon 78-79

Étagère 67

Étagère d'angle 80

Bergère 70

Lit à baldaquin 76-78

Maison de poupée 73

Paravent 69

Paravent en tissu 80

Porte d'armoire 75

Porte de meuble vitré 75

Porte-serviettes 70

Seau métallique 66

Sellette pour plantes 70

Table carrée 80

Table de toilette 72

Table rectangulaire 69

Table carrée 72

Table roulante 67

Buffet 68-69

AGRANDIR UN GABARIT

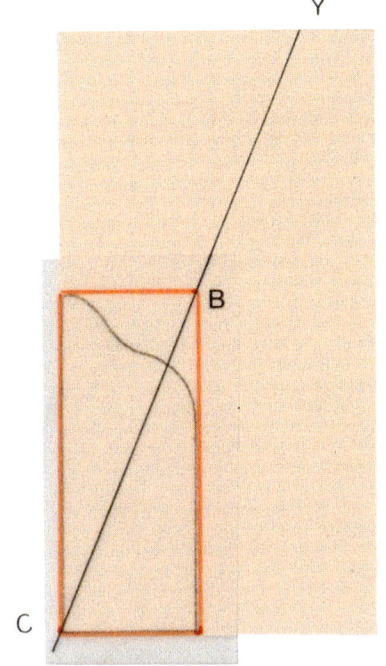

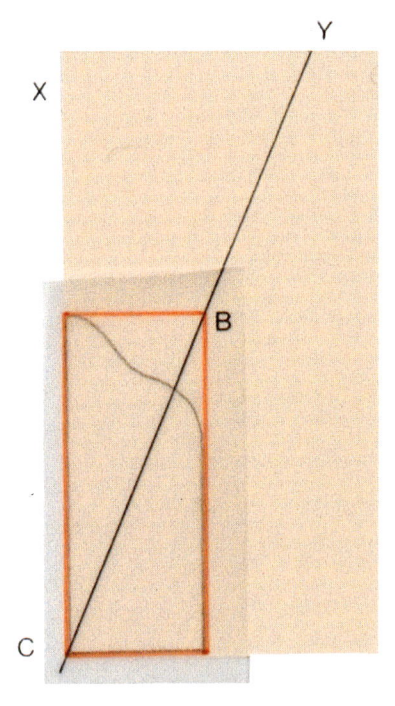

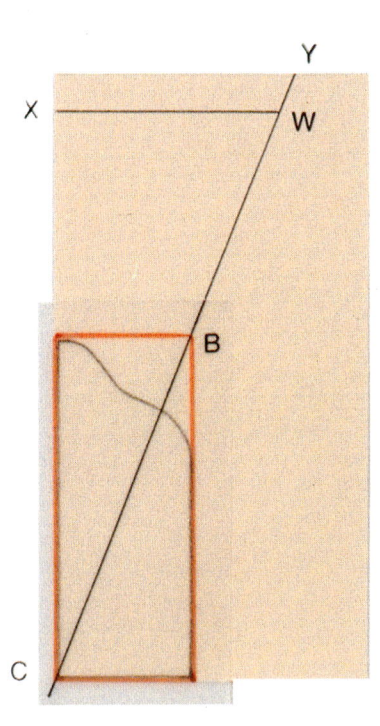

1. Décalquez le gabarit et dessinez un rectangle autour. Posez le décalque sur un angle d'une grande feuille de papier. Tirez une ligne allant de l'angle en bas à gauche (C) à l'angle en haut à droite (B), en la prolongeant (Y).

2. Déterminez la hauteur de votre choix pour l'agrandissement à partir de l'angle en bas à gauche (C). Marquez ce point X.

3. Tirez une ligne horizontale à partir de ce point (X), et coupant la ligne CBY en W, en vous assurant que cette ligne est bien parallèle à la base.

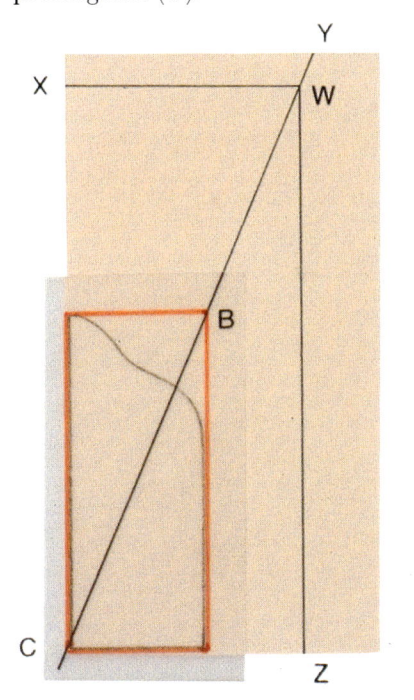

4. Complétez le nouveau rectangle en traçant une ligne verticale allant du point en haut à droite (W) jusqu'à la base (Z).

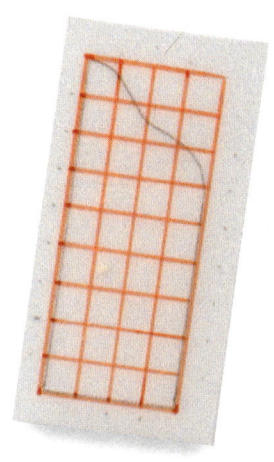

5. Divisez le gabarit original et le nouveau rectangle en un même nombre de carrés. Copiez le gabarit à main levée, carré par carré, sur la nouvelle grille, en prenant une règle pour les lignes droites.

Coiffeuse

Fournitures
Calques des 2 gabarits
Carton
Ruban adhésif
Tissu
Colle
Bordure de dentelle
Ruban décoratif

1. Transférez les calques sur le carton. Pour les pieds, incisez légèrement les lignes noires et pliez les rectangles en scotchant les angles.

2. Recouvrez de tissu encollé. Ajoutez la bordure en dentelle autour de chaque pied.

3. Pour le plateau, marquez légèrement les lignes noires puis pliez ; scotchez les angles.

4. Recouvrez de tissu, puis collez la dentelle sur le pourtour du plateau. Collez le ruban par-dessus.

5. Collez les pieds sous le plateau.

Pied
Coupez 2 fois

Pliez sur les lignes

Seau

Fournitures
Calques des 2 gabarits
Papier
Colle
Peinture argent
Fil fusible

1. Transférez les calques sur le papier et assemblez le seau en pliant le grand morceau pour que les deux supports de l'anse s'opposent. Collez le raccord.

2. Placez le fond à l'intérieur et peignez le seau en argent.

3. Enfilez le fil fusible dans chaque oreillette, repliez les extrémités vers le haut.

Seau
Coupez 1 fois

Fond
Coupez 1 fois

Fil fusible

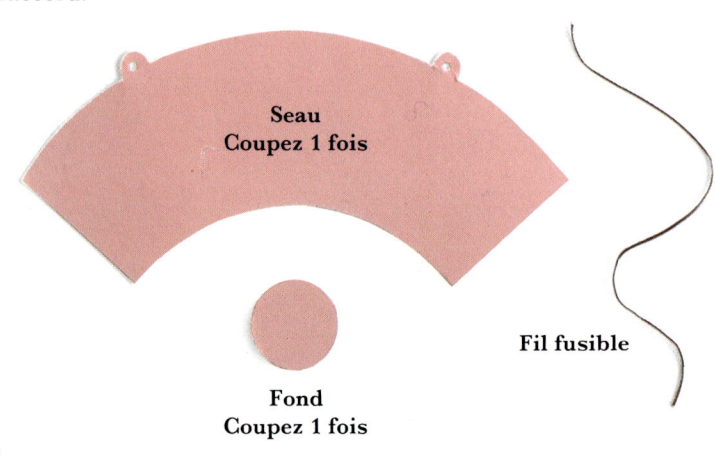

Plateau de la coiffeuse
Coupez 1 fois

Pliez sur les lignes

Étagère

Fournitures
*Calques des 3 gabarits
Planche de bois ou chant plat
Thé pour teinter, facultatif
Ruban de masquage
Colle*

1. Transférez les calques des gabarits sur la planche, et découpez le fond, deux côtés et trois étagères.

2. Pour réaliser une imitation pin, teintez avec du thé, 2 ou 3 couches étant nécessaires.

3. Collez les côtés sur le fond et assemblez les étagères avec du ruban adhésif pour vérifier l'ajustage.

4. Si l'ajustage est correct, collez les étagères sur les côtés et le fond.

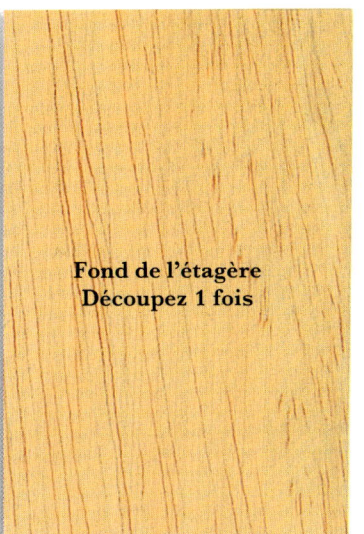

Fond de l'étagère
Découpez 1 fois

Côté de l'étagère
Découpez 2 fois

Étagères
Découpez 3 fois

Pont de Baignoire

Côté Découpez 2 fois

Fourniture
*Calques des 3 gabarits
Planche de bois
Colle*

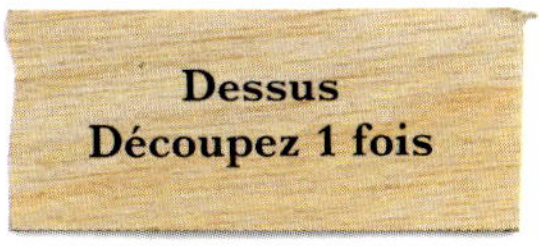

1. Transférez les calques des gabarits sur le bois, et découpez le dessus et 4 côtés. Poncez les angles avec une lime à ongles ou du papier de verre enroulé autour d'un crayon.

2. Assemblez les côtés, avec de la colle, puis le dessus.

Côté Découpez 2 fois

Dessus Découpez 1 fois

Boîte à Couture

Fournitures
*Calques des 6 gabarits
Planche de bois ou chant plat
Tasseau
Teinture à bois
Colle
Dentelle
Papier kraft*

1. Transférez les calques des gabarits sur le bois, et découpez le dessus, la base, la traverse, 2 pieds et 4 côtés. Coupez 4 socles de pied et 2 supports en tasseau, aux longueurs indiquées. Découpez 4 séparations en papier kraft.

2. Avec du papier de verre enroulé autour d'un crayon, poncez les arrondis des pieds. Bordez le pourtour de la boîte avec un ruban de dentelle et teintez en même temps que le bois.

3. Après séchage, assemblez les côtés sur l'envers de la base et collez les supports. Ajoutez ensuite les pieds et 2 socles de pied sous chacun d'eux.

4. Pratiquez des encoches dans les séparations en kraft au tiers et aux deux tiers de la longueur, et assemblez-les pour formez 9 cases.

5. Vous pouvez, si vous le souhaitez, décorer le dessus de la boîte.

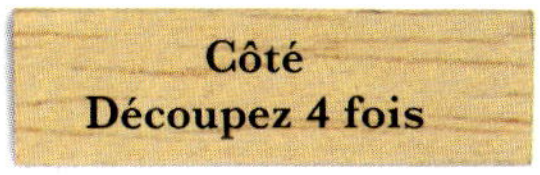

Côté
Découpez 4 fois

Base
Découpez 1 fois

Séparation Découpez 4 fois

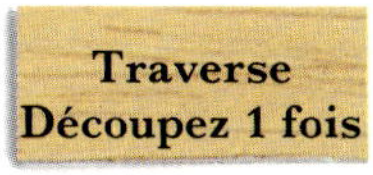

Traverse
Découpez 1 fois

Dessus de la boîte à couture
Découpez 1 fois

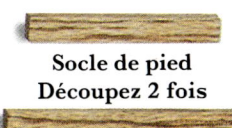

Pied
Découpez 2 fois

Socle de pied
Découpez 2 fois

Support
Découpez 2 fois

Socle Découpez 2 fois

Table Roulante

Fournitures
*Calque de 1 gabarit
Tasseau
Planche de bois
Teinte à bois
Colle
4 attaches parisiennes*

1. Transférez le calque sur le bois, et découpez 2 plateaux.

2. Coupez 8 côtés en tasseaux, aux longueurs indiquées. Coupez 4 pieds de 6 mm plus longs que le plus long des côtés.

3. Teintez le tout ; après séchage, collez les côtés sur les plateaux, puis collez les pieds.

4. Écartez un côté de l'attache en gardant la tête pour former la roulette et enfoncez l'autre dans le pied.

Plateau Découpez 2 fois

Côté Découpez 4 fois

Attache parisienne

Côté Découpez 4 fois

Moulure du buffet Découpez 1 fois

Porte du buffet
Découpez 3 fois

Base
Découpez 1 fois

* Pour le buffet sans portes seulement

Tiroir du buffet
Découpez 3 fois

Fond du buffet
Découpez 1 fois

Panneau de façade des tiroirs
Découpez 1 fois

* Pour le buffet sans portes seulement

Dessus et étagères du buffet
Découpez 3 fois

* Coupez 4 fois pour le buffet sans portes

Côté du buffet
Découpez 3 fois

Rebord du haut du buffet
Découpez 1 fois

**Devant du buffet
Découpez 1 fois**

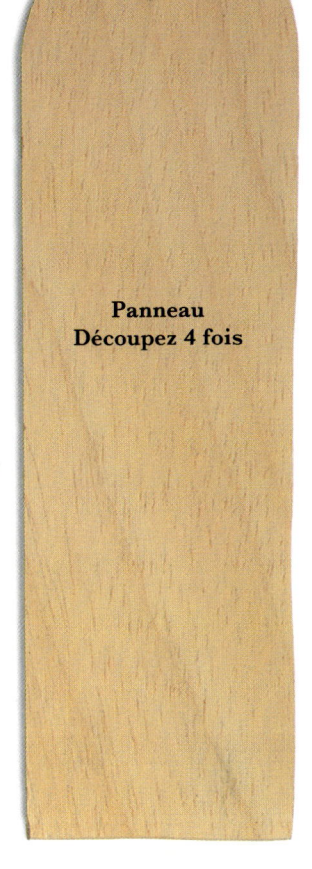

BUFFET

Fournitures
*Calques des 8 gabarits
Planche de bois ou chant plat
Contre-plaqué de 3 mm
Ruban à masquer
Colle
Pâte à cuire
Thé pour teinter le bois, facultatif*

1. Transférez les calques des gabarits : 2 étagères et le dessus, le rebord du haut, 3 portes, 3 tiroirs, la moulure et le devant, sur la planche de bois ou le chant plat. Coupez le fond dans le contre-plaqué.

2. Assemblez les principales pièces avec du ruban à masquer (les deux côtés au fond et le devant aux côtés). Glissez les étagères, le dessus et le rebord bien en place.

3. Si l'ajustage est satisfaisant, retirez le ruban à masquer et teintez toutes les pièces avec 2 ou 3 couches de thé fort (facultatif).

4. Après séchage, assemblez toutes les pièces avec de la colle, en ajoutant la moulure, les portes du bas et les façades des tiroirs.

5. Collez des boutons de porte en pâte à cuire.

PARAVENT

Fournitures
*Calque de 1 gabarit
Planche de bois
 ou chant plat
Teinture à bois
4 décalcomanies
Ruban à masquer*

1. Transférez le calque du gabarit sur la planche ou le chant plat et découpez 4 panneaux. Teintez.

2. Après séchage, posez les décalcomanies sur chaque panneau. Assemblez les panneaux par du ruban à masquer.

**Panneau
Découpez 4 fois**

PETITE TABLE RECTANGULAIRE

Fournitures
*Calques des
 4 gabarits
Tasseau
Planche de bois
 ou chant plat
Thé pour teinter,
 facultatif
Colle
Pâte à cuire
 ou perle en bois
 pour le bouton
 de tiroir.*

1. Transférez les calques des gabarits sur la planche ou le chant plat et coupez 1 plateau, 4 côtés et 1 façade de tiroir. Coupez 4 morceaux de tasseau à la longueur indiquée pour les pieds. Teintez les pièces avec du thé avant de coller.

2. Collez les deux longs côtés sur les deux petits côtés pour former le support rectangulaire du plateau. Collez le plateau sur le support.

3. Collez avec précaution un pied dans chaque angle.

4. Ajoutez la façade de tiroir et collez un bouton en pâte à cuire, peinte si nécessaire, ou une petite perle en bois.

**Plateau de la table
Découpez 1 fois**

**Côté de la table
Découpez 2 fois**

**Tiroir de la table
Découpez 1 fois**

**Côté de la table
Découpez 2 fois**

**Pied de la table
Coupez 4 fois**

SELLETTE À PLANTES

Fournitures
Calques des 3 gabarits
Planche de bois ou chant plat
Tasseau
Colle
Teinte à bois

1. Transférez les calques des gabarits, et découpez le dessus, l'étagère et 4 côtés dans la planche ou le chant plat. Poncez avec du papier de verre enroulé autour d'un crayon.

2. Coupez 4 pieds en tasseaux à la longueur indiquée. Teintez (facultatif).

3. Après séchage, collez les côtés sous le dessus, puis chaque pied dans un angle. Ajoutez l'étagère aux deux tiers environ de la hauteur des pieds.

Dessus
Découpez 1 fois

Étagère
Découpez 1 fois

Pied
Coupez 4 fois

Côté
Découpez 4 fois

PORTE-SERVIETTES

Fournitures
Calque de 1 gabarit
Planche de bois ou chant plat
Teinte à bois
Tourillon
Colle

1. Transférez le calque du gabarit sur le chant plat et découpez 2 pièces.

2. Poncez les bords avec du papier de verre enroulé autour d'un crayon.

3. Coupez 4 morceaux de tourillon à la longueur indiquée pour les barreaux ; poncez les extrémités.

4. Teintez ; après séchage, collez les tourillons, un dans le bas, un dans le haut et deux juste en dessous, parallèles.

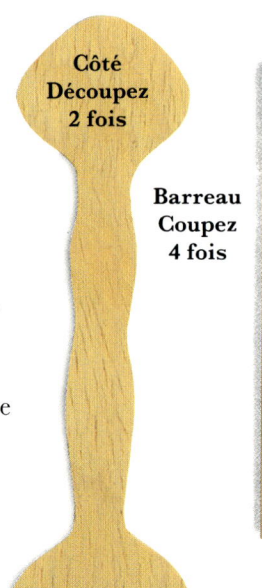

Côté
Découpez 2 fois

Barreau
Coupez 4 fois

BERGÈRE

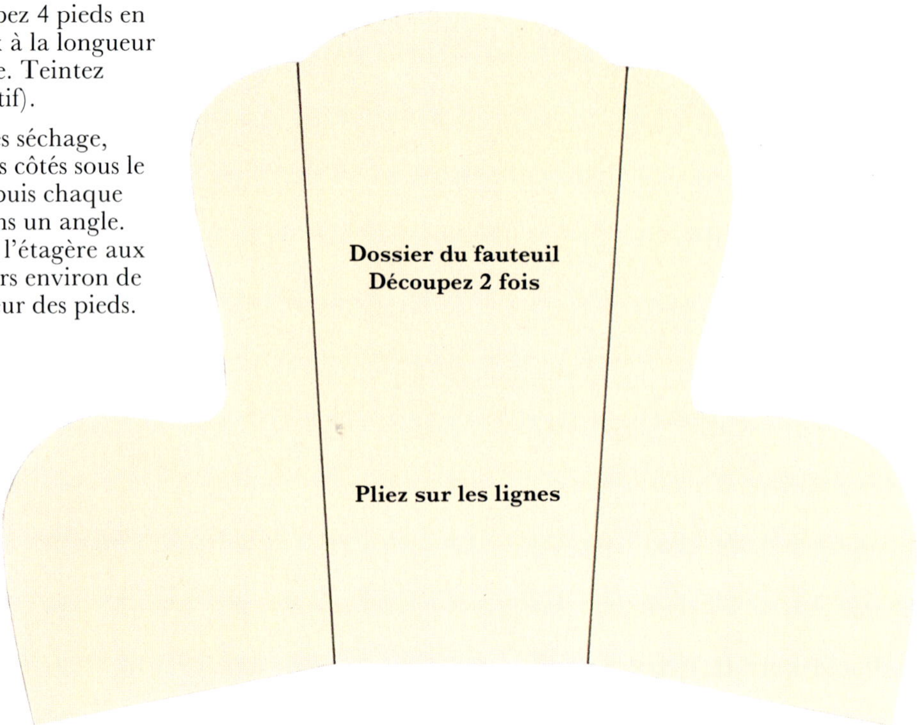

Fournitures
Calques des 3 gabarits
Carton
Molleton
Colle
Tissu
Ruban à masquer
Élastique
Pâte à cuire
ou perles en bois

Dossier du fauteuil
Découpez 2 fois

Pliez sur les lignes

1. Transférez les calques des gabarits sur le carton, et découpez 2 dossiers, dont l'un légèrement plus petit, 2 sièges et 1 devant.

2. Pliez vers l'avant le plus grand dossier en suivant les lignes noires.

3. Découpez un morceau de molleton au format du dossier plus 2,5 cm tout autour. Collez-le sur le dossier en coupant ce qui dépasse dans le haut mais en rembourrant les bras.

4. Toujours avec le gabarit du dossier, découpez le tissu choisi, en ajoutant 2,5 cm tout autour, et recouvrez le molleton.

5. Pliez légèrement vers l'avant le plus petit dossier en suivant les lignes noires. Recouvrez de tissu. Collez ce dossier sur le premier, en rentrant le tissu en excès entre les deux.

6. Recouvrez un siège de molleton et de tissu en rentrant les extrémités et en les collant.

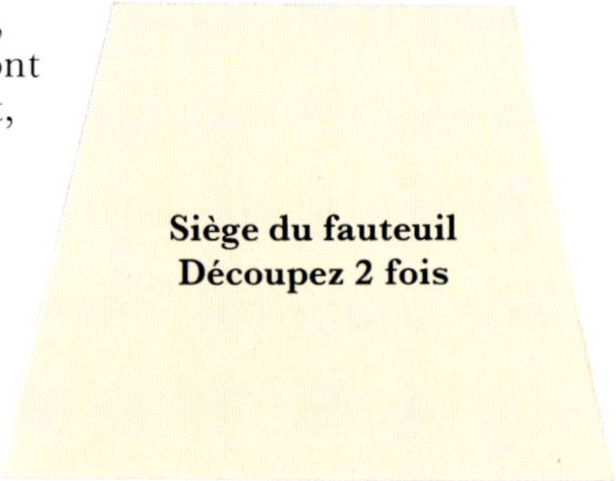

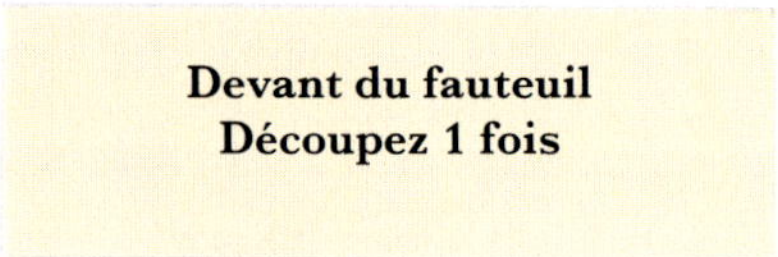

Siège du fauteuil
Découpez 2 fois

Devant du fauteuil
Découpez 1 fois

7. Recouvrez le devant de molleton et de tissu.

8. Recouvrez l'autre siège avec du tissu. Posez le devant en sandwich entre les deux sièges, le siège rembourré sur le dessus, et collez le tout. Encollez les côtés et l'arrière du siège, puis glissez-le dans le dossier. Maintenez toutes les pièces par un élastique jusqu'à séchage complet.

9. Confectionnez des pieds en pâte à cuire ou avec des perles en bois. Fixez sur la base.

Canapé

Fournitures

Calques des 3 gabarits
Carton et carte
Ruban adhésif
Molleton
Tissu
Élastique
Perles en bois
Galon ou autre ruban de bordure

1. Pour l'assise, transférez le calque du gabarit sur le carton et découpez ; pliez en suivant les lignes noires pour former une boîte. Renforcez les angles avec du ruban adhésif. Découpez un morceau de molleton aux dimensions du siège et collez-le. Recouvrez l'assise de tissu, et glissez les bords en dessous.

2. Pour le dossier, transférez le calque du gabarit sur le carton et découpez deux fois. Découpez un morceau de molleton au même format et collez-le sur un des dossiers. Avec le gabarit du dossier plus 2,5 cm tout autour, découpez 2 morceaux dans le tissu et recouvrez le molleton avec l'un d'eux. Rentrez bien les bords. Retirez 2 mm sur le pourtour du second dossier et collez dessus l'autre morceau de tissu. Retirez le tissu en excès. Collez les deux dossiers ensemble, en plaçant le côté rembourré sur le devant.

3. Pour les accoudoirs, transférez le calque du gabarit sur du carton et découpez 2 fois ; entaillez légèrement la ligne noire ; collez du molleton. Pliez votre tissu en deux, endroit contre endroit, et découpez-y deux gabarits du bras en ajoutant 12 mm tout autour. Cousez le tissu sur deux côtés pour former un étui. Retournez à l'endroit et insérez le bras rembourré. Cousez le troisième côté.

4. Assemblez l'assise au dossier, puis les bras. Repérez les lignes de jonction, et, quand l'ajustage est satisfaisant, appliquez-y une mince ligne de colle. Appuyez fermement les pièces l'une contre l'autre et maintenez-les avec un élastique, jusqu'à séchage complet.

5. Pour finir l'assise, découpez un morceau de carte de la même forme et recouvrez-le de tissu. Collez-le sur l'envers de l'assise. Collez les perles en bois en guise de pied à chaque angle. Collez du galon ou du ruban autour des bords.

Entaillez légèrement en suivant la ligne

Accoudoir
Découpez 2 fois

Dossier du canapé
Découpez 2 fois

Pliez sur les lignes

Assise du canapé
Découpez 1 fois

TABLE RONDE

Fournitures
Calques des 2 gabarits
Carton
Ruban adhésif
Colle
Tissu

1. Transférez les calques des gabarits sur du carton, pour les deux pieds, et découpez.

2. Pratiquez une entaille au milieu de chaque pied (comme il est indiqué), de 2 mm environ de large et 30 mm de long.

3. Glissez un pied dans l'autre en les entrecroisant. Si nécessaire, renforcez avec du ruban adhésif.

4. Collez le plateau circulaire sur les pieds. Après séchage, découpez un morceau de tissu de 17,5 cm de diamètre et collez-le sur le plateau de la table. Vous pouvez recouvrir ce dernier d'un rond de dentelle plus petit, environ 11 cm de diamètre.

Plateau de la table
Découpez 1 fois

Plateau de la table de toilette
Découpez 1 fois

Côté de la table de toilette
Découpez 2 fois

Pied de la table
Coupez 2 fois

Moulure
Coupez 1 fois

Étagère de la table de toilette
Découpez 1 fois

Fond de la table de toilette
Découpez 1 fois

TABLE DE TOILETTE

Fournitures
Calques des 5 gabarits
Carton
Colle
Sous-couche et peinture acrylique

1. Transférez les calques des gabarits sur le carton, et découpez 2 côtés, le fond, le plateau, l'étagère et la moulure.

2. Collez les côtés au fond ; ajoutez le plateau, la moulure et l'étagère.

3. Passez la sous-couche et, après séchage, la peinture.

4. Appliquez la peinture par touches épaisses pour obtenir un effet de relief décoratif, aux extrémités de la moulure et au milieu de l'arrondi du fond.

Utilisation des Gabarits

Chaise à volant

Fournitures
*Calques des 4 gabarits
Carton
Rembourrage
Colle
Tissu et ruban
Ruban adhésif*

1. Transférez les calques des gabarits sur le carton et découpez. Avec le gabarit du devant du dossier, découpez du molleton et collez-le sur le devant du dossier. Recouvrez de tissu.

2. Recouvrez le dos du dossier de tissu et, envers contre envers, collez-le sur le devant du dossier, en rentrant le tissu en excès.

3. Découpez un rond de tissu de 15 cm de diamètre. Vous pouvez passer du liquide Anti-effiloche ou du vernis sur les bords pour les empêcher de s'effilocher.

4. Faites un cylindre de 45 mm de diamètre avec la base de la chaise.

5. Sur le siège de la chaise, collez un morceau de molleton de même dimension. Collez le siège sur le dessus de la base et le rond de tissu par-dessus, de manière qu'il forme un volant.

6. Ajoutez la bordure en ruban sur le bord du siège ; collez la base au dossier.

**Base de la chaise
Découpez 1 fois**

**Dossier de la chaise
Découpez 1 fois**

**Siège de la chaise
Découpez 1 fois**

**Devant du dossier
de la chaise
Découpez 1 fois**

Façade terminée

Maison de Poupée

Fournitures
*Calques des 4 gabarits
Contre-plaqué de 3 mm
Sous-couche et peinture
  acrylique
Colle
Tissu
Perles en bois
Ruban adhésif transparent*

1. Transférez les calques des gabarits sur le contre-plaqué, puis découpez 2 fonds, 2 côtés, le toit, 2 sols et la base. Sur un fond, découpez des fenêtres et une porte pour la façade.

2. Peignez l'extérieur et l'intérieur, et collez du tissu sur les murs, les sols et le plafond du grenier. Assemblez les côtés de la maison au fond et la base aux côtés.

3. Collez les sols et assemblez les côtés du toit.

4. Posez à l'intérieur des meubles minuscules en bois peint, en perles, en tissu ou en pâte à cuire.

5. Peignez la façade de la maison, avec des jardinières fleuries et un rosier grimpant ; après séchage, décorez l'envers et surtout les fenêtres.

6. Assemblez la façade avec des charnières en adhésif transparent.

**Fond de la maison
de poupée
Découpez 2 fois**

**Base de la maison
de poupée
Découpez 1 fois**

**Côté de la maison
de poupée
Découpez 2 fois**

**Toit et sols
de la maison
de poupée
Découpez
4 fois**

Moulure Découpez 1 fois

**Porte de l'armoire
Découpez 2 fois**

**Fond de l'armoire
Découpez 1 fois**

**Côté de l'armoire
Découpez 3 fois**

**Étagère de l'armoire
Découpez 3 fois**

**Base et dessus de l'armoire
Découpez 2 fois**

ARMOIRE

Fournitures

*Calques des 6 gabarits
Carton
Colle en bâton
Sous-couche et peinture
  acrylique
Adhésif transparent
Tissu
Tourillon*

1. Transférez les calques des gabarits sur le carton, et découpez toutes les pièces.

2. Collez les côtés au fond, puis ajoutez le dessus, la base et la moulure.

Barre de la penderie Découpez 1 fois

3. Appliquez sur ce cadre et sur les deux côtés des portes une sous-couche et de la peinture acrylique.

4. Après séchage, assemblez les portes avec l'intérieur en utilisant du ruban adhésif transparent.

5. Collez le tissu sur l'intérieur de l'armoire et l'envers des portes.

6. Retirez 2 mm sur un long côté du panneau restant. Recouvrez ce panneau de tissu, ainsi que les étagères. Assemblez le côté recouvert de tissu au

COMMODE

Fournitures
Calques de 4 gabarits
Planche de bois ou chant plat
Teinte à bois
8 perles

1. Transférez les calques des gabarits sur le bois, et coupez le devant, le fond, 2 côtés, le dessus et 4 tiroirs.

2. Poncez le bord inférieur du devant avec du papier de verre enroulé autour d'un crayon ; teintez les pièces à votre goût.

3. Collez les côtés sur le fond et le devant sur les côtés. Ajoutez le dessus.

4. En commençant à 4 mm du haut, collez les tiroirs en les espaçant de 4 mm. Collez les perles en guise de boutons.

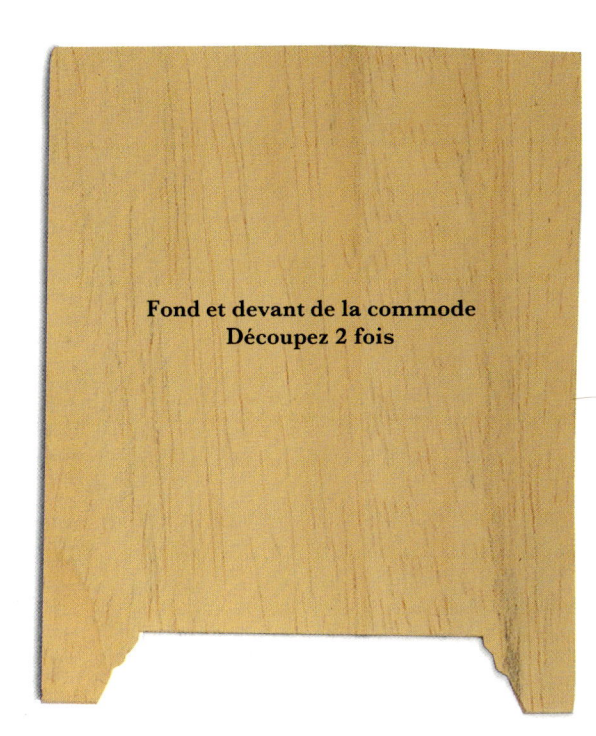

Fond et devant de la commode
Découpez 2 fois

Porte de l'armoire vitrée
Découpez 2 fois

Porte du meuble vitré
Découpez 2 fois

Côté de la commode
Découpez 2 fois

Tiroir de la commode
Découpez 4 fois

Dessus de la commode
Découpez 1 fois

fond de l'armoire, pour maintenir les étagères. Collez les trois étagères.

7. Collez la barre coupée à la longueur indiquée, à 12 mm du haut sur le côté gauche.

8. Décorez à la peinture le haut des portes et la moulure. Une grosse goutte de peinture figurera la poignée de porte.

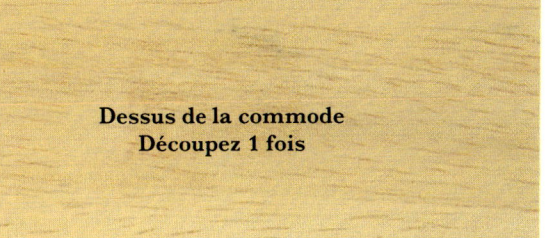

Base du lit
Découpez 1 fois

Pliez sur les lignes

Tête de lit
(rectangle intérieur)
Découpez 2 fois

Lit à Baldaquin

Fournitures
Calques des 3 gabarits
Carton
Tissu
Ruban adhésif
Colle
Bordure de dentelle
 et de ruban
Tourillon
Peinture

Utilisation des Gabarits

Pliez le long des lignes

Dais du lit
Découpez 1 fois

Mât du lit Découpez 2 fois

Confection de la base

1. Transférez le calque du plus grand gabarit sur du carton. Pliez vers le bas le long des lignes noires en maintenant les angles avec du ruban adhésif.

2. Pour le volant, ourlez une largeur de rectangle de tissu de 100 × 10 cm et froncez l'autre côté. Collez le lambrequin sur le milieu de la base.

3. Pour maintenir le volant en place, coupez un autre morceau de carton aux dimensions du dessus de la base, recouvrez de tissu assorti et collez-le solidement sur le dessus.

Confection de la tête de lit

1. Transférez le calque sur deux morceaux de carton. Recouvrez-les de tissu.

2. Fixez une des pièces recouvertes de tissu à la tête de la base du lit. Mettez l'autre pièce de côté.

Le dais

1. Transférez le calque sur du carton. Entaillez les lignes noires et pliez vers le bas ; maintenez les angles avec du ruban adhésif.

2. Recouvrez de tissu en rentrant les bords aux angles et collez le tissu sur l'envers du dais.

3. Pour le volant, ourlez un long côté d'un rectangle de tissu de 100 × 5 cm et froncez l'autre. Collez sur l'intérieur du bord du dais, l'endroit du tissu vers l'extérieur.

4. Pour finir le dais et maintenir le volant en place, découpez un rectangle de carton de la taille du dessus du dais, recouvrez-le de tissu assorti et collez-le solidement sur le dessous.

5. Ajoutez une bordure de dentelle tout autour du dessous du volant. Collez une bordure de fleurs brodées autour du dais.

Les tentures

1. Découpez deux rectangles de tissu de 5 × 19 cm, faites un ourlet de 6 mm tout autour et collez une bordure de dentelle sur un long côté de chaque rectangle.

2. Collez l'autre long côté de chaque tenture sur l'envers de la tête de lit, sur 6 mm environ.

3. Fixez ensuite la seconde pièce figurant la tête de lit recouverte de tissu, en prenant les tentures en sandwich entre les deux pièces.

Linge du lit

Le dessus de lit est matelassé en losanges et des perles sont cousues aux pointes

La couverture en laine est figurée par du feutre rebrodé

Les draps sont des mouchoirs en coton fin ou en lin

Le matelas est en molleton recouvert de tissu de coton

Assemblage du lit

1. Coupez 2 mâts de lit dans le tourillon, à la longueur indiquée. Vous pouvez peindre le tourillon ou le recouvrir de tissu ou de ruban.

2. Enfoncez l'extrémité de chaque tourillon dans la base du lit, en faisant un petit trou dans le tissu, à 6 mm du bout du lit.

3. Fixez le dais sur le haut des tourillons et de la tête de lit. Collez si nécessaire.

CUISINIÈRE À CHARBON

Fournitures
*Calques de 11 gabarits
Carton
Ruban à masquer
Colle
Sous-couche et peinture noire acrylique
Pois cassés
Peinture dorée
Papier imprimé de carreaux de faïence
Étoiles dorées
Mouchoirs en papier : rouge, orange, jaune et noir*

1. Transférez les calques des gabarits sur du carton. Découpez les pièces.

2. Assemblez les principales pièces de la cuisinière avec du ruban à masquer, les deux côtés extérieurs au fond, le devant aux côtés et les côtés intérieurs (de chaque côté de la grille du devant) au fond.

3. Glissez l'étagère pour la mettre en place, puis le dessus de la cuisinière. Assemblez le foyer.

4. Quand l'ajustage est correct, assemblez les pièces avec de la colle.

5. Collez les portes du four et les tiroirs.

6. Peignez l'ensemble à la peinture acrylique noire ; peignez les pois cassés en doré.

7. Après séchage, collez le papier-carrelage sur le protège-mur (fond et côtés de la cuisinière) et les pois cassés dorés en guise de boutons sur les tiroirs et les portes.

8. Découpez 4 charnières dans les étoiles dorées et collez-en deux sur le côté extérieur de chaque porte.

9. Emplissez le foyer de mouchoirs en papier froissés et fixez-les à l'intérieur avec du ruban adhésif.

Étagère Découpez 1 fois

Dessus de cuisinière Découpez 1 fois

Côté du foyer Découpez 2 fois

Côté intérieur Découpez 2 fois

Tiroir du four Découpez 2 fois

Porte du four Découpez 2 fois

Utilisation des Gabarits

Côté extérieur
Découpez 2 fois

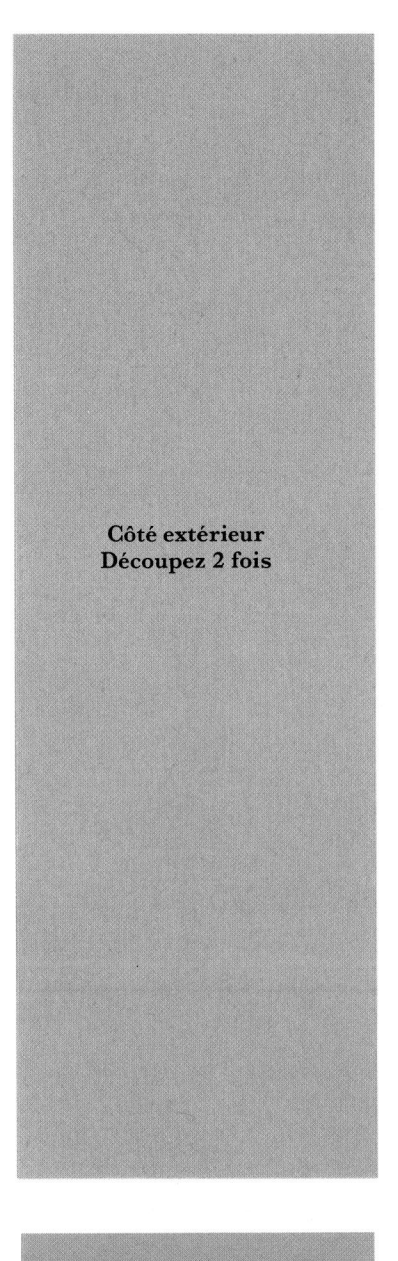

Base du foyer
Découpez 1 fois

Fond de la cuisinière
Coupez 1 fois

Côté du foyer
Découpez 2 fois

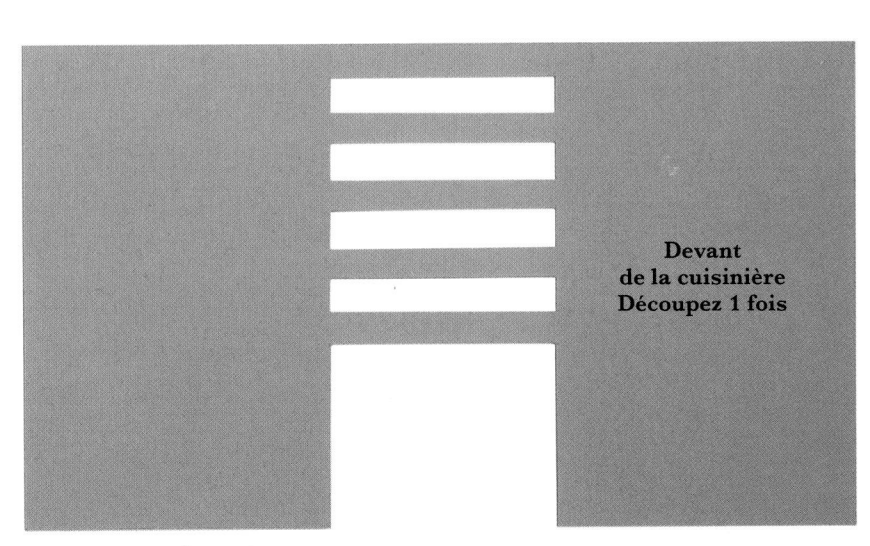

Devant de la cuisinière
Découpez 1 fois

ÉTAGÈRE D'ANGLE

Fournitures
*Calques des 5 gabarits
Planche ou chant plat
Papier de verre
Teinture à bois
Colle*

1. Transférez les calques des gabarits sur le bois, et découpez 2 côtés et 4 étagères différentes.

2. Poncez les courbes avec du papier de verre enroulé autour d'un crayon. Teintez à votre goût.

3. Assemblez les 2 côtés en collant leur tranche. Collez les étagères en les espaçant de 2,5 cm.

PARAVENT EN TISSU

Fournitures
*Calques des 5 gabarits
Planche de bois ou chant plat
Colle et colle à papier peint
Tissu
Ruban adhésif transparent*

1. Transférez les calques sur le bois, découpez et assemblez comme indiqué.

2. Découpez 4 rectangles de tissu de la longueur d'un panneau mais d'une largeur double.

3. Encollez le tissu à la colle à papier peint et plissez-le en fonction de la largeur du cadre. Après séchage, collez-le sur l'envers des cadres.

4. Assemblez les cadres avec de l'adhésif transparent.

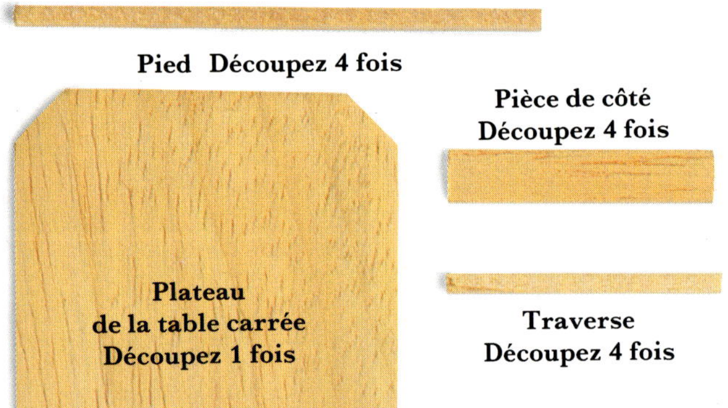

Paravent en tissu Découpez 4 fois chaque pièce

Étagère Découpez 1 fois

Étagère Découpez 1 fois

Étagère Découpez 1 fois

Côté de l'étagère d'angle Découpez 2 fois

Étagère Découpez 1 fois

CHAISE EN BOIS

Fournitures
*Calques de 3 gabarits
Planche de bois ou chant plat
Tasseau
Teinture à bois
Colle*

1. Transférez les calques sur le bois, et découpez les pièces comme indiqué. Coupez 4 pieds dans le tasseau, aux longueurs indiquées.

2. Teintez les pièces.

3. Placez le siège à mi-hauteur et collez-le aux pieds arrière et sur le dessus des pieds.

4. Collez 4 pièces de côté entre les pieds sous le siège. Collez 2 traverses de dossier entre les pieds arrière. Collez les traverses dans le bas entre les pieds.

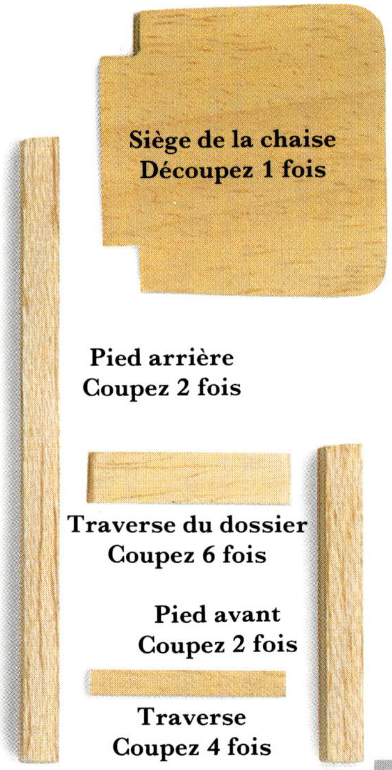

Pied Découpez 4 fois

Pièce de côté Découpez 4 fois

Traverse Découpez 4 fois

Plateau de la table carrée Découpez 1 fois

Siège de la chaise Découpez 1 fois

Pied arrière Coupez 2 fois

Traverse du dossier Coupez 6 fois

Pied avant Coupez 2 fois

Traverse Coupez 4 fois

PETITE TABLE CARRÉE

Fournitures
*Calques de 2 gabarits
Planche de bois ou chant plat
Tasseau
Colle
Teinture à bois*

1. Transférez les calques, découpez le plateau et 4 côtés dans le bois. Coupez 4 pieds et 4 traverses dans le tasseau, aux longueurs indiquées.

2. Teintez les pièces à votre goût.

3. Collez les côtés sous le plateau.

4. Collez un pied à chaque angle ; collez les traverses entre les pieds.